HERMANN LUEER

Große Depression 2.0

Argumente gegen den Kapitalismus

Hermann Lueer
Große Depression 2.0
Argumente gegen den Kapitalismus
© 2020 Hermann Lueer
Red & Black Books
Bordesholmer Straße 22
22143 Hamburg
herluee@yahoo.com
Umschlag: Niki Bong
Illustrationen: Niki Bong
mail@bongolai.de
ISBN 978-3-9822065-0-9
Überarbeitete Ausgabe des 2016 erschienenen Titels
»Das Gespenst der Deflation geht um«

»Das Kapital ist selbst der prozessierende Widerspruch dadurch, dass es die Arbeitszeit auf ein Minimum zu reduzieren strebt, während es andrerseits die Arbeitszeit als einziges Maß und Quelle des Reichtums setzt.«

Karl Marx

Vorwort

Der Prozess, der unaufhörlich die Wirtschaftsstruktur von innen heraus revolutioniert, unaufhörlich die alte Struktur zerstört und unaufhörlich eine neue schafft, dieser Prozess der »schöpferischen Zerstörung« ist das für den Kapitalismus wesentliche Faktum. Ein Prozess, der in dem Sinne ununterbrochen verläuft, dass immer entweder Revolution oder Absorption der Ergebnisse der Revolutionen im Gang ist; beides zusammen bildet das, was als Konjunkturzyklus bekannt ist.[1]

Wirft man einen oberflächlichen Blick auf die großen kapitalistischen Wirtschaftskrisen der letzten Jahrzehnte sowie den ihnen jeweils folgenden Wirtschaftsaufschwung, scheint sich das Bild des Konjunkturzyklus zu bestätigen.

⇨ 1929 Weltwirtschaftskrise
⇨ 1970 erste Ölkrise
⇨ 1979 zweite Ölkrise
⇨ 1982 Lateinamerikanische Schuldenkrise
⇨ 1990 Japankrise
⇨ 1997 Asienkrise

---

[1] J. A. Schumpeter, Kapitalismus Sozialismus und Demokratie, Franke Verlag München, 4. Aufl. 1975, S. 137f

⇨ 2001 New Economy Krise

⇨ 2008 globale Finanzkrise

Ähnlich oberflächlich verbleibt die Betrachtung der kapitalistischen Wirtschaftskrisen, wenn die Besonderheiten der einzelnen Krisen im Vordergrund stehen. Angesichts der New Economy Krise interessierten sich beispielsweise viele plötzlich für Firmen, bei denen angeblich der Börsenwert im Verhältnis zum Umsatz viel zu groß sei. Angesichts der globalen Finanzkrise waren dann auf einmal sonderbare Finanzprodukte, wie Derivate und forderungsbesicherte Wertpapiere, ein spannendes Thema sowie die Frage, ob es richtig sei, die Banken zu retten. Der allen diesen kapitalistischen Krisen gemeinsame Grund kommt bei dieser Betrachtung, wenn überhaupt, nur am Rande vor. Man beschäftigt sich lieber mit den *Anlässen* der Krise als mit ihrer *Erklärung*.

Solange nicht das Allgemeine dieser kapitalistischen Krisen, ihr gemeinsamer Grund, geklärt ist, lassen sich weder ihre Besonderheiten noch ihre Zusammenhänge verstehen. Wer sich nicht mit dem Kapitalismus beschäftigen will, wird auch seine Krisen nicht verstehen. Wer nur an der Oberfläche der einzelnen Krise stochert, wird nicht verstehen können, wie diese Krisen zustande kommen und welche politökonomischen Zusammenhänge zwischen den Krisen bestehen.

Im Folgenden soll daher die Frage nach dem Grund der kapitalistischen Krisen gestellt werden. Auf dieser Grundlage wird sich zeigen, dass es sich bei den großen kapitalistischen Krisen der vergangenen Jahrzehnte weder um isolierte Krisen noch einen »unaufhörlichen« Konjunkturzyklus handelt, sondern um einen sich entwickelnden Widerspruch kapitalistischer Produktion. Darüber wird zugleich deutlich werden, wieso es kein Zurück zum »Goldenen Zeitalter« des Kapitalismus im Sinne der »Sozialen Marktwirtschaft« geben kann und warum der bei linken wie rechten Kritikern des Kapitalismus weit verbreitete Kampf gegen die Dominanz des Finanzkapitals der Entwicklung allseitigerer und gewaltigerer Krisen nichts entgegensetzt.

1. Das Phänomen kapitalistischer Wirtschaftskrisen

> *»Der Kapitalismus ist zwar nicht das einzige Produktionsverhältnis, in dem neben ungeheurem Reichtum riesige Armut existiert. Er ist allerdings die einzige Produktionsweise, wo der Überfluss an Gütern ein Problem darstellt. Wo zu viel Reichtum den Ruin der Gesellschaft bedeutet.«*[2]

Die kapitalistische Wirtschaftskrise ist eine eigenartige Krise! Alle materiellen Reichtümer und Produktionsmittel sind unverändert vorhanden und dennoch wächst die Verarmung der Bevölkerung bis hin zur Massenverelendung. Es gab keine Naturkatastrophe: kein Feuer, keine Dürre, keine Überschwemmung, kein Erdbeben. Der physische Reichtum der Gesellschaft wurde nicht vernichtet. Es wurde nicht zu wenig produziert, sondern zu viel. Es gibt nicht zu wenig Produktionspotential, sondern Überkapazitäten.

Überkapazitäten – zu viel Reichtum – ist das Phänomen kapitalistischer Wirtschaftskrisen.

---

[2] Michael Heinrich, Kritik der politischen Ökonomie. Eine Einführung, 2005, S. 169

Dieses Phänomen ließ sich im Anschluss an die globale Finanzkrise u.a. in Ländern wie Griechenland, Spanien und den USA beobachten. In den USA und in Spanien gab es plötzlich überall zu viele Häuser. Nicht weil niemand darin wohnen wollte. Im Gegenteil! Die Häuser wurden massenhaft gewaltsam geräumt, zwangsversteigert und eventuell sogar abgerissen. Es gab funktionierende Gesundheitswesen – z.B. in Griechenland – wo die vorhandene medizinische Versorgung der Bevölkerung abgebaut und den Ärzten gekündigt wurde. Auch Fabriken und Maschinen waren nicht zerstört. Es gab für kapitalistische Produktion zu viele! Menschen wurden zu Millionen arbeitslos und damit mittellos, obwohl sie arbeiten wollten. Nach offiziellen Angaben der International Labour Organization (ILO) stieg die Arbeitslosigkeit weltweit infolge der Finanzkrise um 30 Millionen auf insgesamt 200 Millionen Menschen.[3] Gleichzeitig waren Fabrikbesetzungen verboten. Besetzte Fabriken, in denen die Arbeiter weiterarbeiten wollten, wurden von der Polizei oder dem Militär geräumt.

Diese scheinbare Verrücktheit – Überkapazitäten neben zunehmender Massenverelendung – ist für niemanden ein Geheimnis. In den USA, wo Millionen Job und Einkommen verloren haben, wo Millionen

---

[3] http://www.ilo.org/global/about-the-ilo/newsroom/news/WCMS_202320/lang--en/index.htm

Häuser zwangsversteigert wurden, wo die Zeltstädte der Obdachlosen wieder wuchsen, verkündete Präsident Obama zu Beginn der globalen Finanzkrise:

>*Unsere Arbeiter sind noch genauso produktiv wie zu Beginn dieser Krise. Unsere Köpfe sind nicht weniger erfindungsreich, unsere Güter und Dienstleistungen werden nicht weniger benötigt als vorige Woche oder vorigen Monat oder voriges Jahr. Unser Leistungsvermögen ist unvermindert.*<*[4]

Es könnte also so weitergehen wie zuvor. Alle physischen Produktionsmittel sind unverändert vorhanden, ebenso die Arbeitskräfte und ihre Bereitschaft zu arbeiten. Von den Bedürfnissen der Menschen ganz zu schweigen. Aber was ist dann der Grund für die Krise?

Die bürgerliche Wissenschaft nennt folgenden Grund, so zum Beispiel Wirtschaftsnobelpreisträger Professor Paul Krugman:

>*Zu wenig privater Konsum, um die verfügbare Produktionskapazität auszunutzen, ist in weiten Teilen der Welt ganz eindeutig zur Wohlstandsbremse Nummer eins geworden*<*[5]

---

[4] Barack Obama, Antrittsrede vom 20.1.2009
[5] Paul Krugman, Die neue Weltwirtschaftskrise, Campus Verlag 2008, S. 212

Oder Professor Rudolf Hickel, wissenschaftlicher Bereit bei Attac:

> *»Wir haben gute Produktionskapazitäten, die aber nicht genutzt werden. Was fehlt, ist die Nachfrage.«*[6]

Das Phänomen der kapitalistischen Krise scheint verrückt zu sein: Eine Wirtschaftskrise, weil die Menschen nichts nachfragen? Wo sind die Bedürfnisse in der Krise geblieben?

Es stellt sich also die Frage: Ist das wirklich verrückt oder geht es in der Marktwirtschaft gar nicht um die Bedürfnisbefriedigung der Bevölkerung? Was ist das für ein sonderbarer Reichtum, der – obwohl sich die materiellen Produktionsbedingungen nicht verändert haben – plötzlich in einem zunehmenden Umfang für einen Großteil der Bevölkerung nicht mehr zur Verfügung steht? Was ist in der Marktwirtschaft der Maßstab, was ist der Zweck für den Einsatz der Produktionsmittel?

Die Antwort ist ebenfalls für niemanden ein Geheimnis: Der die kapitalistische Wirtschaftsordnung bestimmende Zweck ist auf der Grundlage privatisierter Produktionsmittel der Gewinn. Auch die Professoren wissen natürlich, dass in der Marktwirtschaft nicht

---

[6] Junge Welt, 11.5.2013, S.8

schlicht die Nachfrage, sondern die *zahlungsfähige* Nachfrage fehlt.

Eigentlich – sollte man denken – müsste es im Hinblick die private Aneignung der Produktionsmittel zum Zweck der individuellen Bereicherung einen Aufstand geben. Schließlich legt sie den Grund für den Ausschluss und damit die Verelendung großer Bevölkerungsteile neben den als Überkapazitäten beklagten vorhandenen Reichtümern der Gesellschaft.

Die Frage ist also: Warum regt das die Mehrheit der Bevölkerung nicht auf? Wie kommt es neben den unschönen Folgen der Marktwirtschaft, die jeder kennt, zu dem unerschütterlichen Glauben an den Markt und seine heilige Kuh, das Privateigentum an Produktionsmitteln?

Das Schlüsselwort ist Marktversagen. Der Fehler ist, dass nicht bestimmt wird, *was* die kapitalistische Eigentumsordnung und der Markt der Sache nach sind, um aus der Bestimmung die notwendigen Folgen abzuleiten, sondern dass umgekehrt die unschönen Folgen interpretiert werden als ein Versagen gegenüber dem, was die kapitalistische Eigentumsordnung und der Markt *sein sollen.*

Im praktischen Leben besteht Konsens darin, dass es unsinnig ist, ein Ziel anzustreben, indem man einen dem Ziel entgegengesetzten Zweck verfolgt. In diesem Sinne wäre es völlig unsinnig, zu glauben, dass Produktionsmittelbesitzer über den Zweck der privaten Bereicherung für den Wohlstand aller sorgen würden. Und doch ist genau das die Vorstellung der Befürworter marktwirtschaftlicher Prinzipien. Plötzlich wird über diesen Gedanken – *Marktversagen* – dem Markt der Zweck »Versorgung zum Wohle aller« unterstellt, gegenüber dem er versagt, wenn er nicht adäquat geregelt wird.

Dieser Gedanke ist weit verbreitet: Von Neoliberalen, die den Markt sich selbst regulieren lassen wollen, bis zu Marktsozialisten, die den Markt weitgehend über den Staat regulieren wollen. Im Hinblick auf die kapitalistische Krise – um die es in diesem Buch geht – sind es entsprechend die verantwortungslosen Spekulanten und habgierigen Bankmanager bzw. die fehlende Regulierung seitens des Staates, die für den Gedanken »Marktversagen« stehen.

Im folgenden Abschnitt soll demgegenüber zunächst am maßgeblichen Zweck kapitalistischer Produktion der Nachweis geführt werden, warum die bekannten unschönen Begleiterscheinungen der Marktwirtschaft keineswegs Marktversagen sind, sondern die notwendigen Folgen des Produktionsverhältnisses, und warum diese sich keineswegs durch regulierende Maßnahmen beseitigen lassen.

■ ■ ■

2. Der Zweck und das Maß kapitalistischer Produktion

Wer einmal nachschlägt, was das Bestimmende am Kapitalismus bzw. an der Marktwirtschaft ist, findet z.B. bei Wikipedia folgende Definitionen:

> *»Allgemein wird unter Kapitalismus eine Wirtschafts- und Gesellschaftsordnung verstanden, die auf Privateigentum an den Produktionsmitteln und einer Steuerung von Produktion und Konsum über den Markt beruht.«*[7]

Und bezüglich der Marktwirtschaft heißt es:

> *»In der Theorie der Wirtschaftsordnungen bezeichnet Marktwirtschaft ein Wirtschaftssystem, in dem die Verteilung der Entscheidungs- und Handlungsrechte durch das Rechtsinstitut des privaten Eigentums an Produktionsmitteln erfolgt ... Über Marktpreise werden die Einzelpläne der Wirtschaftssubjekte aufeinander abgestimmt ...«*[8]

---

[7] http://de.wikipedia.org/wiki/Kapitalismus, Februar 2016
[8] http://de.wikipedia.org/wiki/Marktwirtschaft, Februar 2016
Die Begriffe Kapitalismus und Marktwirtschaft werden in der folgenden Betrachtung als Synonyme verwandt.

In der Marktwirtschaft bzw. dem Kapitalismus besteht also der ökonomische Zusammenhang der Gesellschaftsmitglieder nicht darin, dass auf der Grundlage gemeinsamer Produktionsmittel nützliche Dinge in dem an den Bedürfnissen der Gesellschaftsmitglieder gemessenen Umfang planmäßig hergestellt und verteilt werden. Privatarbeit und Tausch statt gemeinschaftlicher planmäßiger Produktion bestimmen in der Marktwirtschaft das ökonomische Verhältnis der Gesellschaftsmitglieder. Arbeitsteilung ist hier in der widersprüchlichen Form unabhängiger Privatproduzenten organisiert, die erst nach der Produktion auf dem Markt in einen gesellschaftlichen Zusammenhang treten. Erst im Nachhinein stellt sich über den Verkauf ihrer Waren heraus, ob sie wirklich für die Gesellschaft produziert haben. Bleibt ihre Ware unverkäuflich, erweist sich nicht nur ihr Produkt, sondern auch ihre Arbeit als gesellschaftlich nutzlos. Das »Rechtsinstitut des privaten Eigentums an Produktionsmitteln« – d.h. die Möglichkeit, Land und Produktionsmittel zu privatisieren – begründet diese widersprüchliche Form gesellschaftlicher Arbeitsteilung, bei der statt der Kooperation der Gesellschaftsmitglieder die Konkurrenz um den privaten ökonomischen Erfolg auf den Warenmärkten den arbeitsteiligen Produktionszusammenhang bestimmt.

Produktionsmitteleigentum und Warenhandel gab es zwar auch in vorkapitalistischen Produktionsverhältnissen, aber nicht in einer auf alle Lebensbereiche der Gesellschaft durchgesetzten Form. Erst auf der Grundlage der im Anschluss an die bürgerlichen Revolutionen gewährten Freiheit und Gleichheit der Person sowie dem zugleich gewährten Recht auf Eigentum an Produktionsmitteln wurde die Produktion ihrem ganzen Umfang, ihrer ganzen Tiefe und Breite nach Warenproduktion, verwandelte sich alles Produkt in Ware, einschließlich des Arbeitsvermögens der produktionsmittellosen Gesellschaftsmitglieder.

Die Befreiung von Versklavung und Leibeigenschaft in Kombination mit dem Ausschluss von den privatisierten Produktionsmitteln sowie den hierüber in Privatbesitz produzierten Lebens- und Konsumtionsmitteln bedeutet für den Großteil der Gesellschaftsmitglieder zugleich Möglichkeit und Zwang zum Verkauf des eigenen Arbeitsvermögens. Als Verkäufer ihrer Arbeitskraft verfügt die arbeitende Bevölkerung in Freiheit und Gleichheit über sich selbst und ihr Arbeitsvermögen, über die Mittel zum Leben verfügt sie nicht. Diese gehören den rechtmäßigen Eigentümern der Produktionsmittel. Die freien und gleichberechtigten, aber produktionsmittellosen Bürger stehen damit vor folgender Wahl: Sie nehmen sich die Freiheit, ihre Arbeitskraft nicht zu verkaufen und bleiben mittellos oder sie versuchen in aller Freiheit, ihr Arbeitsvermögen an einen Fabrikherrn oder Großgrundbesitzer zu verkaufen, um in Lohn und Brot und unter Obdach zu kommen. Bereits vor fast 150 Jahren haben Marx und Engels diesen Sachverhalt so ausgedrückt:

> *»Die Klasse der modernen Arbeiter, die sich stückweise verkaufen müssen, und die nur so lange leben, als sie Arbeit finden, und die nur so lange Arbeit finden, als ihre Arbeit das Kapital vermehrt, sind eine Ware wie jeder andere Handelsartikel.«*[9]

Freiheit und Gleichheit als Überwindung von Versklavung und Leibeigenschaft bedeuten somit ohne die gleichzeitige Durchsetzung der Vergesellschaftung der Produktionsmittel für die Bevölkerungsmehrheit die bleibende ökonomische Abhängigkeit von der privaten Vorteilsrechnung der Minderheit der Produktionsmittelbesitzer. Ausbeutung – die erzwungene Ausnutzung fremder Arbeit zum privaten Vorteil – wandelt sich hierüber lediglich von dem offenen Gewaltverhältnis früherer Zeiten in ein versachlichtes Verhältnis zwischen dem Käufer und dem Verkäufer der Ware Arbeitskraft. Die umfangreiche Aneignung der gesell-

---

[9] Karl Marx, Friedrich Engels, Manifest der Kommunistischen Partei, MEW Bd. 4, S.468

schaftlichen Reichtümer in den Händen einer Minderheit erscheint nun nicht mehr als Ausbeutung fremder Arbeit, sondern als im Arbeitslohn bezahlte Arbeit.

In Wirklichkeit kaufen die Eigentümer der Produktionsmittel aber nicht die *Arbeit*, sondern das *Arbeitsvermögen* der über die Privatisierung von den Produktionsmitteln getrennten Bevölkerung. Da deren Arbeitsvermögen mehr Werte schaffen kann, als für die auf den Arbeitsmärkten um die Arbeitsplätze konkurrierenden Arbeitskräfte bezahlt werden muss, wird der Kauf von Arbeitskräften zum Bereicherungsmittel für diejenigen, die aus welchen Gründen auch immer über genügend Geld verfügen. Die Käufer der Arbeitskraft nutzen schlicht die Differenz zwischen dem Wert der Arbeitskraft, die sie auf dem Arbeitsmarkt kaufen, und dem Wert der durch sie produzierten Produkte, die sie als Waren verkaufen. Geld wird darüber zu Kapital, zum Mittel, aus Geld mehr Geld zu machen. Der Geldbesitzer wird entsprechend zum Kapitalisten, wenn er fremde Arbeitskraft kauft und darüber den Arbeiter für die Vermehrung seines Reichtums arbeiten lässt.

Der die kapitalistische Produktion bestimmende Zweck ist die Vermehrung von Geld als Kapital – nicht zur Erzielung einer bestimmte Summe Geldes, sondern als selbstzweckhafter Prozess der ständigen Vermehrung des eingesetzten Kapitals. Reichtum, der sein Maß im Geld hat, in dem abstrakten Quantum ökonomischer Verfügungsmacht, ist maßlos. Die Maßlosigkeit ist keine individuelle Verrücktheit. Die Organisation des gesellschaftlichen Produktionsprozesses als Konkurrenz der Produktionsmittelbesitzer führt – bei Strafe des eigenen Untergangs – zur Sachnotwendigkeit, die Jagd nach Kapitalvermehrung zum Zweck des eigenen Handelns zu machen. Wer im Vergleich zu seinen Wettbewerbern nicht profitabel genug ist, wer es versäumt, rechtzeitig durch Entlassungen und Intensivierung der Arbeit für günstige Produktionsbedingungen zu sorgen, kann nicht durch den Ausbau seiner Kapazitäten seine Wettbewerber verdrängen, sondern läuft umgekehrt Gefahr, durch deren erfolgreiches Wachstum selbst verdrängt zu werden.

Die Konkurrenz der Kapitale um die Marktanteile und damit ihr beständiges Bemühen, die Lohnstückkosten zu senken, hört nie auf. Jeder erzielte Erfolg ist Ausgangspunkt für die nächste Runde im Konkurrenzkampf. Für die Arbeitskräfte bedeutet dies eine Verschärfung ihrer Konkurrenz um die vorhandenen Arbeitsplätze. In der weltweiten Konkurrenz wird Lohnzurückhaltung darüber zum marktwirtschaftlichen Sachzwang, der zugleich die Machbarkeit aller nachträglichen sozialpolitischen Regulierungsversuche begrenzt.

Wer auf der Grundlage der freiheitlichen Eigentums-ordnung über keine Produktionsmittel verfügt und daher seine Arbeitskraft täglich verkaufen muss, bekommt in der Konkurrenz der Arbeitssuchenden auf dem Arbeitsmarkt mit seinem Lohn – wie bei jeder anderen Ware auch – im Durchschnitt den gesellschaftlichen Reproduktionswert seiner Ware, das heißt, seiner Arbeitskraft. Die »Arbeitnehmer« verfügen somit auch nach dem Produktionsprozess, nachdem sie ihren Lohn für die in ihrem Wirtschaftsumfeld üblichen Lebens- und Konsumtionsmittel ausgegeben haben, über keine anderen Produktionsmittel als ihre eigene Arbeitskraft und müssen diese erneut verkaufen, um an die für ihr Leben notwendigen Mittel zu gelangen. Der kapitalistische Produktionsprozess produziert daher nicht nur Waren und Gewinn, er produziert und reproduziert das Kapitalverhältnis selbst, auf der einen Seite den Kapitalisten, auf der anderen Seite den Lohnarbeiter.[10]

Im Kapitalismus werden die Produktionsmittelbesitzer zwangsläufig in Relation zum gesellschaftlich geschaffenen Reichtum reicher und die produktionsmittellosen Arbeitskräfte entsprechend ärmer. Dass der wachsende Reichtum in der kapitalistischen Eigentumsordnung in Form von Armut und Reichtum ungleichmäßig verteilt ist, ist aber nur das unmittelbar

---

[10] Vgl. Karl Marx, Das Kapital, Bd. 1, S. 596f

sichtbare Resultat der kapitalistischen Gesellschaftsordnung. Das am Zweck der Geldvermehrung ausge-
richtete Produktionsverhältnis bestimmt zudem über
die Zugriffsmacht des Geldes bis in kleinste Detail sowohl auf der Seite des Produkts wie auf der Seite der
Arbeit den Inhalt der Produktion.

In der Marktwirtschaft, in der die Güter und Dienste
als Waren angeboten werden, sind die Qualität der Ar-
beitsprodukte wie auch die Arbeitsbedingungen, unter
denen die Arbeit verrichtet wird, nur Mittel zum
Zweck der Kapitalvermehrung. Die verbreitete Vorstellung – Angebot und Nachfrage würden auf dem
Markt mit mehr oder weniger Regulierung für eine be-
darfsgerechte Koordination von Produktion und
Konsum sorgen – geht daher am Sachverhalt vorbei.
Die *Nachfrage* ist nicht mit den Bedürfnissen der Gesellschaftsmitglieder zu verwechseln, sondern bedeutet nichts anderes als die zahlungsfähige Nachfrage.
Wer, aus welchen Gründen auch immer, nicht bezahlen kann, dessen Bedürfnisse zählen in einer waren-
produzierenden Gesellschaft nicht. Das *Angebot* orien-
tiert sich keineswegs an der zur Bedürfnisbefriedigung
der Gesellschaftsmitglieder erforderlichen Quantität
und Qualität von Gütern und Diensten. *Was* an nütz-
lichen Dingen hergestellt wird, *für wen, wo und wie* produziert wird, entscheidet, bereits angefangen bei For-

schung und Entwicklung, das Kriterium der Verkaufbarkeit auf dem Markt. Im Wechselspiel von Angebot und Nachfrage akzeptieren die Nachfrager so ihren Ausschluss von Dingen, die sie nicht bezahlen können und richten ihre Bedürfnisse entsprechend an ihren Geldbeuteln aus, während die Anbieter die unterschiedliche Zahlungsfähigkeit im Sinne ihrer lohnenden Geschäfte mit Waren aller Art bedienen; billigen und teuren, gesunden und ungesunden. Die Unterordnung unter den Zweck der Verkaufbarkeit steuert hinter dem Rücken der Produzenten den Einsatz aller gesellschaftlichen Potenzen der Produktion und gibt vor, welches Bedürfnis zählt. Aufgrund dieser Unterordnung wird in der Marktwirtschaft das gesellschaftliche Arbeitsvermögen für das exzentrischste Einzelbedürfnis bereitgestellt, wenn Individuen aus welchem Grund auch immer über die entsprechende Zahlungsfähigkeit verfügen. Zugleich wird gesellschaftliche Arbeit in minderwertige Gebrauchsgegenstände investiert, um sich die geringe Zahlungsfähigkeit des Großteils der Bevölkerung zunutze zu machen. Allem zur Schau gestellten Reichtum zum Trotz wird in der Marktwirtschaft nicht an den Bedürfnissen gemessen, was, wie viel und wie produziert wird, sondern die Verfügung über Geld ist das Maß dafür, wieweit die Bedürfnisse befriedigt werden, und die Möglichkeit, Geld zu vermehren, ist das Maß dafür, was, für wen bzw. *ob überhaupt produziert wird.* Kein Arbeiter kann im

Kapitalismus beschäftigt werden, der nicht mehr als den Betrag seines Lohnes produziert. Ohne den Gewinn für den Produktionsmittelbesitzer ist unabhängig von den Bedürfnissen und sachlichen Produktionsmitteln jede Produktion sinnlos.

32

3. Wirtschaftswunder – Wirtschaftskrise

Entgegen weit verbreiteter Auffassung ist der Kapitalismus nicht der *Grund* für den technischen Fortschritt, der über die vergangenen hundertfünfzig Jahre die Welt verändert hat. Der Grund ist der menschliche Verstand und die gesellschaftliche Arbeitsteilung. Das kapitalistische Produktionsverhältnis ist lediglich die *Form*, in der technischer Fortschritt zum Zwecke der privaten Bereicherung der Produktionsmittelbesitzer rücksichtslos gegen den Arbeiter und die Natur vorangetrieben wurde. Eine Form gesellschaftlicher Arbeitsteilung, in der vorhandene Produktionsmittel und vorhandene Bedürfnisse kein hinreichender Grund für die Anwendung der Produktionsmittel sind, in der die Produktion vielmehr davon abhängt, ob die Produktionsmittelbesitzer sich bezogen auf die Zahlungsfähigkeit der Gesellschaftsmitglieder von der Produktion irgendwelcher nützlicher Dinge ein für sie lohnendes Geschäft versprechen. Ein Produktionsverhältnis, in dem zu viel Reichtum im Verhältnis zur Zahlungsfähigkeit zum Grund für die Verarmung der Gesellschaft wird.

Aber wieso kommt es im Kapitalismus immer wieder zu Überkapazitäten? Warum schwankt die wirtschaftliche Aktivität zwischen Boom und Krise? Warum lohnt es sich von Zeit zu Zeit mitten im Aufschwung plötzlich für die Mehrzahl der Kapitalisten nicht mehr zu produzieren?

Die Antwort ist ganz einfach: Wenn in der kapitalistischen Wirtschaftsordnung die Privateigentümer die Produktionsmittel nur anwenden lassen, wenn andere Gesellschaftsmitglieder für ihre Bedürfnisse bezahlen können, dann bewirkt zusätzliche Zahlungsfähigkeit die Anwendung der ohne diese Zahlungsfähigkeit brachliegenden privatisierten Produktionsmittel. Mehr zur Verfügung stehendes Geld und damit mehr Zahlungsfähigkeit bedeutet in der Marktwirtschaft mehr Wachstumspotential, weniger Geld reduziert das Wachstumspotential. Einfach Geld zu drucken, um es den Gesellschaftsmitgliedern zwecks Förderung des Wirtschaftswachstums zur Verfügung zu stellen, wäre zwar naheliegend, stellt jedoch keine dauerhafte Lösung dar. Wenn nämlich alle Gesellschaftsmitglieder bei gleicher Warenmenge mehr Geld haben, können die Warenbesitzer einfach mehr Geld für ihre Waren verlangen, d.h. die Preise steigen und das Geld wird entwertet. *Reales* Wirtschaftswachstum entsteht in der Marktwirtschaft nur, wenn zugleich zusätzliche Warenwerte geschaffen werden, die der zusätzlichen Zahlungsfähigkeit gegenüberstehen. Die zusätzliche Zahlungsfähigkeit, die zwecks Förderung des Wirtschaftswachstums in die Zirkulation gebracht wird, muss also mit der *Verpflichtung* verbunden werden, mehr Warenwerte zu produzieren bzw. zukünftige Einkommen zu erzielen. Nur dann hat zusätzliche Zahlungsfähigkeit die Potenz, statt Inflation reales Wirtschaftswachstum zu erzeugen.

Das im Kreditvertrag zum Ausdruck kommende *Zahlungsversprechen* ist in der Marktwirtschaft das entscheidende Wundermittel. Privatisierte Produktionsmittel, die ohne Zahlungsfähigkeit brachliegen, werden über eine aus dem Vertrauen in die Kreditwürdigkeit geschöpfte Zahlungsfähigkeit in Bewegung gesetzt. Mit einer im Prinzip endlosen Kette von Zahlungsversprechen lassen sich so eine Vielzahl kapitalistischer Wirtschaftsaktivitäten und Vermögenswerte erzeugen, für die es ohne die kreditierte Zahlungsfähigkeit keinen marktwirtschaftlichen Grund gegeben hätte. Dieser für das kapitalistische Wachstum wesentliche Prozess der »Kreditgeldschöpfung« lässt sich am Beispiel des einfachen Bankkredits gut verdeutlichen.[11]

---

[11] Um den Prozess der Kreditgeldschöpfung so einfach wie möglich zu illustrieren, wird im Folgenden auf die korrekte Darstellung der Verbuchung der einzelnen Transaktionen über Bilanz und G&V verzichtet. Stattdessen werden die sich aus dem Kreditgeschäft ergebenden Forderungen und Verbindlichkeiten einschließlich der Zinsen in einer vereinfachten stichtagsbezogenen Bilanz einander gegenübergestellt.

Nehmen wir an, A (ein privater Haushalt oder ein Unternehmen) legt bei einer Bank beispielsweise zu 5 % Verzinsung 100 an. Die Bank verbucht im Rahmen dieses Geschäftes einen Vermögenswert von 100 auf ihrer Aktivseite und zugleich 105 als Verbindlichkeiten gegenüber dem Einleger auf der Passivseite ihrer Bilanz.

Bank
| Kasse 100 | 105 Verbindlichkeiten |

Bereits mit diesem einfachen Kreditverhältnis – der Einleger leiht der Bank sein Geld und spekuliert darauf, dass die Bank seine Einlage mit 5% verzinst zurückzahlen kann – haben sich die Vermögenswerte der Gesellschaft mehr als verdoppelt: Der Einleger besitzt eine Forderung von 105 gegenüber der Bank (seine 100 plus 5% Zins) und die Bank hat zusätzliche Liquidität von 100 in der Kasse.

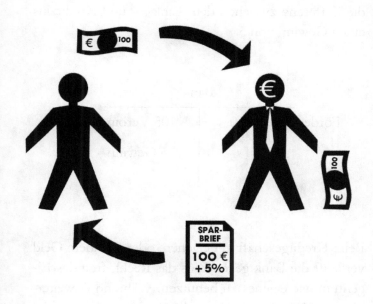

Nun verleiht die Bank beispielsweise zu 10% Kreditzins die 100 an B. Die 100 aus der Kasse der Bank
verwandeln sich über dieses Kreditgeschäft in 110
Forderungen gegenüber B und die Bank macht über
die Differenz zwischen dem Einlage- und Kreditzins
einen Gewinn von 5.

Bank

Forderungen 110	105 Verbindlichkeiten
	5 Gewinn

Beim Kreditgeschäft mit eigenem oder fremdem Geld
verkauft die Bank gegen Zins das Recht, fremdes Eigentum wie eigenes zu benutzen. Während A weiter-
hin sein Vermögen in Form der Forderung besitzt und
die Bank ebenfalls eine Forderung gegenüber B als
Vermögensposten verbucht, kann B nun über das
Geld verfügen und damit z.B. bei C Produktionsmittel
einkaufen.

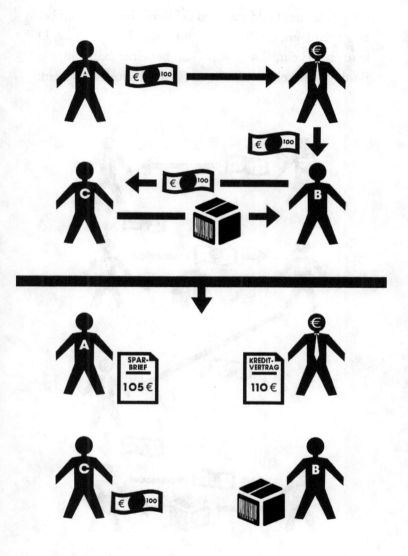

C legt nun das Geld aus dem erfolgreichen Verkauf bei einer Bank an, die Bank vergibt einen Kredit an D, D kauft bei E ein, E legt sein Geld bei einer Bank an, die Bank vergibt einen Kredit an F, und F kauft bei G ein.

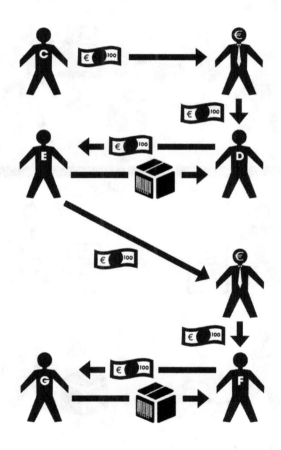

Ausgehend von den 100, die A einer Bank geliehen hat, haben sich über die anschließende Kreditkette die verbuchten Vermögenswerte vervielfacht und damit zugleich die Grundlage für eine Anzahl von Geschäften in der »Realwirtschaft« geliefert, für die es ohne die Kette der Zahlungsversprechen nicht die erforderliche Zahlungsfähigkeit gegeben hätte.

Bank

Forderungen (B) 110	105 Verbindlichkeiten (A)
Forderungen (D) 110	105 Verbindlichkeiten (C)
Forderungen (F) 110	105 Verbindlichkeiten (E)
	15 Gewinn

Parallel zur gestiegenen Bilanzsumme im Finanzsektor verfügen A, C und E über je 105 an Forderungen, C, E und G konnten ihre Produkte verkaufen, B, D und F konnten für je 100 konsumieren oder investieren und G verfügt über 100 an Liquidität

In der modernen Bankenwelt ist dieser Kreditgeldschöpfungsprozess nur noch in geringem Umfang von der Geldbasis in Form der Kundeneinlagen bzw. anderer Zentralbankgeldreserven abhängig. Anders als im Beispiel gewählten klassischen Multiplikator Modell funktioniert der Kreditgeldschöpfungsprozess in der Realität über den umfangreichen Interbankenmarkt weitgehend umgekehrt: Die Banken vergeben Kredite und besorgen sich im Anschluss die erforderlichen Reserven. Mit seiner großen Liquidität und Effizienz ist der Interbankenmarkt für die Banken zur vorrangigen kurzfristigen Refinanzierungsquelle geworden, mit dessen Hilfe sie den Kredit und die Einlagen erzeugen, die den Kredit finanzieren. Den Abfluss an Zahlungsmitteln, der aus ihrer Kreditvergabe folgt, gleichen sie durch Kreditaufnahme, also einen Zuwachs an eigenen Schulden aus. Die Grenzen der Kreditvergabe liegen somit in den Grenzen der eigenen Verschuldungsfähigkeit und zwecks Pflege der eigenen Bonität im Risikokalkül der Bank.[12]

In Erweiterung der Buchgeldschöpfung über das Kreditgeschäft wird auf dem *Kapitalmarkt* die Spekulation auf erfolgreiche Geschäfte zur Grundlage der Heraus-

---

[12] Siehe hiezu: J. Ryan-Collins, Where does Money come from? New Economics Foundation 2012

gabe von Wertpapieren. Mit Aktien, Anleihen und davon abgeleiteten Derivaten werden projektbezogene oder firmenbezogene Wertpapiere für die unterschiedlichsten Spezialinteressen konstruiert. Die Besonderheit der Wertpapiere gegenüber dem Kredit besteht darin, dass die Aussicht auf zukünftige Erträge zu einem verkäuflichen Ding gemacht wird. Der Emittent von Wertpapieren schafft zusätzliches Kapital, indem er mit Verweis auf sein zukünftiges Geschäft Aktien oder Firmenanleihen an Investoren verkauft. Mit der Emission von Aktien und Anleihen verwandeln sich so Schulden in handelbares Geldkapital für die Investoren der Papiere. Gleichzeitig zirkuliert das über die Herausgabe der Wertpapiere eingesammelte Geld im Rahmen der damit getätigten Investitionen in der Wirtschaft und wird darüber ähnlich wie in dem oben dargestellten Multiplikator Modell immer wieder zur Grundlage für neue Kredite und Wertpapiere. Solange das Vertrauen der Investoren in den zukünftigen Geschäftserfolg ungebrochen ist, sind der Herausgabe von Wertpapieren genauso wie der Erweiterung der Kreditvergabe keine Grenzen gesetzt.

In der kapitalistischen Wirtschaftsordnung, in der privatisierte Produktionsmittel trotz vorhandener Bedürfnisse und williger Arbeitskräfte brachliegen, solange sie nicht durch die Aussicht auf Geld in Bewe-

gung gesetzt werden, wird das im Kredit- bzw. Wert-
papiervertrag verbindlich fixierte Vertrauen in die *zukünftige* Zahlungsfähigkeit des Schuldners zum Wachs-
tumsmittel. Mit der Spekulation der Gläubiger auf den
Erfolg der Geschäfte kommt über den Kredit bzw. die
Wertpapiere die zusätzliche Zahlungsfähigkeit in das
kapitalistische Geschäftsleben, die für dessen Aufschwung erforderlich ist. So wird ein Wirtschaftswachstum erzeugt, das ohne die über Kredit und
Wertpapiere zustande gekommene Zahlungsfähigkeit,
d.h. ohne den spekulativen Vorgriff auf erfolgreiche
Geschäfte bzw. die darüber geschaffenen Einkommen
in diesem Umfang *kapitalistisch* nicht möglich ist. Nicht
die Bedürfnisse und das Arbeitsvermögen der Gesellschaftsmitglieder setzen in der kapitalistischen Eigentumsordnung die Produktionsmittel in Bewegung,
sondern allein die Aussicht auf den erfolgreichen Verkauf. Der Bäcker oder das Maschinenbauunterneh-
men müssten ohne Kredit erst auf den Rücklauf des
Geldes aus dem erfolgreichen Verkauf warten, bevor
sie in der Lage sind, erneut in Produktionsmittel zu investieren. Ohne die über den Kredit vorweggenom-
mene Zahlungsfähigkeit hätte es zwar neben den Bedürfnissen und dem Arbeitsvermögen der Bevölkerung Produktionsmittel gegeben, sie wären als Privateigentum aber nicht angewandt worden, weil mit der
fehlenden Zahlungsfähigkeit schlicht der kapitalistische Grund für ihre Anwendung gefehlt hätte.

Dieser *gesellschaftliche* Irrsinn – die Produktion wird nicht über die Bedürfnisse und arbeitsteiligen Fähigkeiten der Gesellschaftsmitglieder bestimmt, sondern anhand der für das lohnende Privatgeschäft vorhandenen Zahlungsfähigkeit – bleibt nicht ohne Folgen. Nicht nur in der wachsenden Kluft zwischen Arm und Reich, sondern ebenso in Hinblick auf die kapitalistische Wirtschaftskrise, in der plötzlich zu viel Reichtum im Verhältnis zur vorhandenen Zahlungsfähigkeit den Ruin der Gesellschaft bedeutet. Der Widerspruch, dass die »Arbeitnehmer« erst Geld verdienen müssen, bevor sie kaufen können, und die »Arbeitgeber« nur dann Arbeitskräfte kaufen, wenn für sie Aussicht auf erfolgreichen Verkauf besteht, lässt sich zwar zeitweilig im Sinne des Aufschwungs mit Hilfe von Zahlungsversprechen auflösen. Letztlich steht und fällt der über die Kreditgeldschöpfung beflügelte Aufschwung jedoch mit dem Vertrauen in das zukünftige Geschäft. Die Spekulation auf zukünftig erfolgreiche Geschäfte – die im Rechtsverhältnis zwischen dem Finanzkapital und der »Realwirtschaft« so verbucht ist, als wäre sie bereits eingetreten – muss sich, wenn auch zeitversetzt, immer wieder als real erweisen, sonst wachsen in der Tat nur die Schulden, und der Reichtum, den sie versprechen und verbuchen, wird zunehmend illusionär. Kommt es zu einem sich verallgemeinernden Vertrauensverlust in den zukünftigen Geschäftserfolg, will plötzlich jeder Geld statt Kredit sehen, und da im

Kapitalismus die Gleichung gilt: ohne Geld keine Zahlungsfähigkeit, ohne Zahlungsfähigkeit kein Geschäft, ohne Geschäftsaussichten keine Produktion, werden selbst vorhandene Produktionskapazitäten stillgelegt und die Verarmung der Bevölkerung wächst neben Überkapazitäten. Dieser auf der Grundlage der individuellen Bewertung der Geschäftsaussichten sich immer wieder verallgemeinernde Vertrauensverlust und damit der Übergang vom Wirtschaftswunder zur Wirtschaftskrise erhält seine ökonomische Notwendigkeit über folgende Widersprüche kapitalistischer Produktion:

1. Die kapitalistische Konkurrenz um die geschäftliche Ausnutzung der zahlungsfähigen Nachfrage schafft Überkapazitäten bezogen auf die zahlungsfähige Nachfrage.

In der Marktwirtschaft sollen die eigenen Marktanteile auf Kosten der Konkurrenten wachsen. Jeder investiert *unabhängig* von den Konkurrenten in eigene Maschinen und die Ausweitung seiner Produktionsstätten, um seinen Gewinn zu steigern. In dieser Konkurrenz ist die Größe des Kapitals wettbewerbsentscheidend. Wer über geringere Mittel für Forschung und Entwicklung, einen veralteten Maschinenpark, die geringeren economies of scale, das kleinere Marketingbudget oder die weniger schlagkräftige Verkaufsorganisation verfügt, bleibt schnell auf seinen Waren sitzen.

Der Zugang zu Kredit wird daher zum entscheidenden Mittel der Konkurrenz. Wer Zugang zu Kredit hat, kann den Erfolg seiner Geschäftsidee lange vor dem Konkurrenten austesten, der sich ohne Kredit sein Startkapital vom täglichen Lebensunterhalt absparen muss. Wer nach der Produktion der Waren erst auf den Rückfluss seines vorgeschossenen Geldes warten muss, bevor er erneut in Rohstoffe und Arbeitskräfte investieren kann, verliert Marktanteile gegenüber denen, die die normale Zirkulationszeit des Geldes durch Kredit überbrücken können. Wer Erweiterungsinvestitionen über Kredit finanzieren kann, ist in der Lage, das Wachstum seines Geschäftes voranzutreiben, bevor genügend Gewinn angesammelt wurde.

In der Konkurrenz gegeneinander – in der die kapitalistische Ökonomie organisiert ist – bauen die Unternehmen daher mit Notwendigkeit Überkapazitäten bezogen auf die zahlungsfähige Nachfrage auf. Und das nicht nur mit den Mitteln, die sie aus erfolgreichen Geschäften bereits erwirtschaftet haben, sondern im großen Umfang mit kreditierten Mitteln bezogen auf ihren zukünftigen Erfolg.

2. Die Quelle des Gewinns – die Ausnutzung fremder Arbeitskraft – ist zugleich als Kostenfaktor
   Abzug vom Gewinn.

Die Produktion in Hinblick auf die Bedürfnisse der
Gesellschaftsmitglieder planmäßig zu organisieren, ist
nicht der Zweck des kapitalistischen Produktionsverhältnisses. Der Anteil der Bevölkerung an der gesellschaftlichen Produktion ist in Form ihres Lohns vielmehr ein *Kostenfaktor* in der die Produktionsentschei-
dung bestimmenden Gewinnkalkulation der Produktionsmittelbesitzer. In ihrer Konkurrenz gegeneinander
müssen die Unternehmen beständig bemüht sein,
diese Kosten zu reduzieren, um im Wettbewerb um
die zahlungsfähige Nachfrage zu bestehen. Die Reduzierung der Lohn- und Gehaltskosten, bzw. die Überflüssigmachung von Arbeitskräften im Rahmen des
technischen Fortschritts reduziert aber gesamtwirt-
schaftlich zugleich einen Teil der zahlungsfähigen
Nachfrage, um die die einzelnen Unternehmen konkurrieren. *Der Grund* für die kapitalistische Anwendung der Produktionsmittel – die Ausnutzung der Differenz zwischen dem Lohn, der für die Arbeitskräfte
gezahlt wird, und dem Wert der von ihnen produzierten Güter – gerät so ständig in Widerspruch mit der
Bedingung seiner Realisierung: der Zahlungsfähigkeit
der arbeitenden Bevölkerung.

3. Je größer die gesellschaftliche Produktivität, desto kleiner die zur Herstellung einer Ware notwendige Arbeitszeit, desto geringer der Wert der Ware, auf den es in der kapitalistischen Produktion allein ankommt.

Im Kapitalismus ist die Bedürfnisbefriedigung der Gesellschaftsmitglieder Mittel zum Zweck der Vermehrung des eingesetzten Kapitals der Produktionsmittelbesitzer. Bezogen auf den Reichtum der kapitalistischen Gesellschaft ausgedrückt bedeutet dies: Der Tauschwert der Produkte ist der Zweck, für den ihre Nützlichkeit das Mittel ist. Über diesen doppelten Charakter marktwirtschaftlicher Produkte gerät die Entwicklung der gesellschaftlichen Produktivkräfte im Kapitalismus in fortwährenden Konflikt mit ihrem Zweck, der Vermehrung des vorhandenen Kapitals. Steigt nämlich die gesellschaftlich durchgesetzte Produktivität, so sinkt zugleich die auf die gesellschaftlich erforderliche Arbeitszeit bezogene Wertgröße der nun produktiver hergestellten Produkte. Oder wie Karl Marx es ausdrückte:

> *»Derselbe Wechsel der Produktivkraft, der die Fruchtbarkeit der Arbeit und daher die Masse der von ihr gelieferten Gebrauchswerte vermehrt, vermindert die Wertgröße dieser vermehrten Gesamtmasse, wenn er die*

Summe der zu ihrer Produktion notwendigen Arbeitszeit abkürzt.«[13]

Verringern sich aber infolge des in Konkurrenz gegeneinander vorangetriebenen Produktivitätsfortschritts die gesellschaftlich notwendigen Herstellungskosten, reduzieren die Unternehmen zugleich ihren Umsatz und den auf diesen bezogenen Gewinn. Was in einer auf die Bedürfnisse der Gesellschaftsmitglieder bezogenen Produktion den Reichtum der Gesellschaft steigern würde – ein Produkt kann mit der Hälfte der Arbeitszeit produziert werden –, reduziert den gesellschaftlichen Reichtum bezogen auf den Maßstab kapitalistischer Produktion. Dieser spezifisch kapitalistische Widerspruch – die Maßnahmen zur Steigerung des Kapitalwachstums verringern dieses zugleich – lässt sich nur über einen ständig erweiterten Produktausstoß kompensieren. Wenn beispielsweise eine gesellschaftlich durchgesetzte Produktivitätssteigerung den Wert eines Autos halbiert, müssen künftig zwei Autos verkauft werden, um den gleichen Wert zu realisieren. Verdoppelt sich auf dem erreichten Niveau die Produktivität erneut, müssen künftig vier Autos produziert und verkauft werden, um einen Umsatzrückgang zu verhindern. Der zusätzliche Produktausstoß muss bezogen auf eine bestimmte Produktivitätssteigerung exponentiell wachsen, um bezogen auf den

---

[13] Karl Marx, Das Kapital Bd.1, Dietz Verlag Berlin 1971, S. 61

Tauschwert im Verkauf lediglich eine Schrumpfung der am Maßstab kapitalistischer Produktion entscheidenden Wertmasse zu verhindern.[14] Die Entwicklung der Produktivkräfte, die auf der Grundlage gemeinschaftlicher Produktionsmittel ein Segen ist, gestaltet sich daher im Rahmen kapitalistischer Eigentumsverhältnisse für viele Gesellschaftsmitglieder zum Fluch:

> »Die Krux an der Situation: Selbst wenn die deutschen Hersteller die Verkäufe ihrer Fahrzeuge konstant halten können, wächst mit jedem neuen Modell der Druck auf die Arbeitsplätze. Die Produktivität beim Wechsel vom Golf V auf den neuen Golf VI sei in Wolfsburg um mehr als zehn Prozent und in Zwickau sogar um mehr als fünfzehn Prozent gestiegen, verriet ein stolzer VW-Chef Winterkorn bei der Präsentation der Neuauflage des wichtigsten Konzernfahrzeugs. Das bedeutet, dass für die Montage der gleichen Zahl von Autos fünfzehn Prozent weniger Leute nötig sind.«[15]

Weniger notwendige Arbeit bedeutet bezogen auf den Zweck der Kapitalvermehrung nicht gleicher Lebensstandard mit mehr Freizeit, sondern weniger Zah-

---

[14] Vgl. hierzu: Der innere Selbstwiderspruch des Kapitals in: Lohoff/Trenkle, Die große Entwertung, Unrast-Verlag 2012, S. 22ff

[15] http://www.zeit.de/2008/43/Autobauer-Absturz

lungsfähigkeit für die, denen gekündigt wurde. Gleichzeitig sinken die Preise und damit das Geschäftsvolumen, sobald sich der Produktivitätsvorteil unter den Konkurrenten verallgemeinert hat. Kapitalistische Unternehmen müssen daher wachsen und dieser Wachstumszwang führt dazu, dass die Unternehmen den Widerspruch kapitalistischer Produktion beständig vorantreiben.

Dieser Widerspruch bekommt durch den Kredithebel, d.h. durch die den Aufschwung befördernde Wirkung der Geld- und Kapitalschöpfung, seine besondere Wucht und im Wechsel von Boom und Krise seine notwendige Verlaufsform. Die vom Finanzsektor im eigenen Geschäftsinteresse erweiterte Zahlungsfähigkeit, die im Zuge des Aufschwungs die kapitalistischen Unternehmen wie die privaten Haushalte befähigt, mit einer größeren Geldmacht zu wirtschaften, als sie von sich aus zustande gebracht haben, wird mit dem Vertrauensverlust in die Geschäftserfolge genauso massenhaft entzogen bzw. entwertet, wie sie ursprünglich über die Kreditgewährung in die Welt gekommen ist. Statt Erweiterungsinvestitionen und Neueinstellungen stehen nun Entlassungen und Konkurse an. Die selbstbewussten Verkäufer ihrer Arbeitskraft müssen einsehen, dass nicht ihre persönliche Leistungsfähigkeit, sondern die Geschäftskalkulation ihrer Arbeitgeber das Entscheidende ist. Zahlungsunfähige Bedürfnisse verkommen zu bloßen Bedürfnissen, die in der Marktwirtschaft keinen interessieren. Daneben stehen die funktionsfähigen Fabriken und Maschinen und die arbeitslosen Menschen, die arbeiten würden, aber von den Besitzern der Produktionsmittel nicht gebraucht werden, weil sich für *sie* zurzeit der Einsatz der Arbeitskräfte nicht lohnt.

Die unkontrollierte Wirkung des Aufbaus und Zerplatzens der Kreditblase versucht der Staat im Rahmen seiner Geld- und Fiskalpolitik sowie im Rahmen seiner Außenhandelspolitik zu begrenzen. Überakkumulation – die Ausweitung der Produktionskapazitäten über die zahlungsfähige Nachfrage – ist aber nicht die Folge einer wirtschaftspolitischen Fehlsteuerung, sondern notwendiges Resultat kapitalistischer Produktion. Ob die konkurrierenden Unternehmen sich mit ihren Rationalisierungsbemühungen selbst die notwendige zahlungsfähige Nachfrage abgraben oder ob sie parallel zueinander die Produktionskapazitäten mit Hilfe des Kredits über die vorhandene zahlungsfähige Nachfrage ausdehnen oder beides, ist letztlich nicht entscheidend. Die von allen im eigenen Geschäftsinteresse gegeneinander vorangetriebene Ausweitung des Geschäfts stößt irgendwann zwangsläufig an die

Grenzen der zahlungsfähigen Nachfrage. Daran ändern weder Niedrigzinsen noch die im Geschäftsinteresse vergebenen Konsumentenkredite etwas.

In der kapitalistischen Eigentumsordnung, in der nicht die Bedürfnisse der Individuen und nicht die Existenz der Produktionsmittel entscheidend sind, sondern die individuelle Zahlungsfähigkeit und die Aussicht auf ein lohnendes Geschäft für die Produktionsmittelbesitzer, erzeugt Geldschöpfung in Spekulation auf zukünftiges Geschäft sogenannte »Wirtschaftswunder« und entsprechend führt Geldvernichtung zur »Wirtschaftskrise«, in der Überkapazitäten zunehmender Armut der Bevölkerung gegenüberstehen.

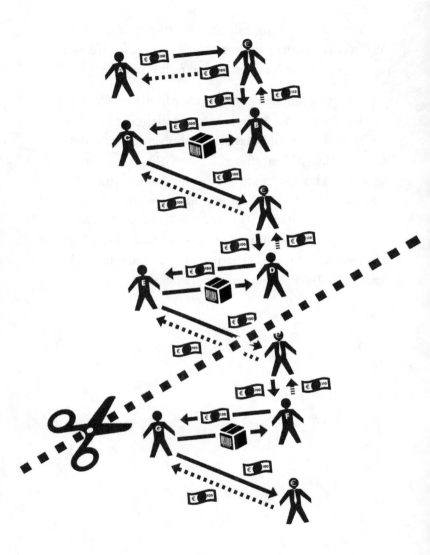

4. Der sich entwickelnde Widerspruch kapitalistischer Produktion

Bei den großen Wirtschaftskrisen der vergangenen Jahrzehnte handelt es sich nicht um voneinander unabhängige kapitalistische Krisen. Sie sind vielmehr in ihrer spezifischen Form und den auf sie bezogenen wirtschaftspolitischen Versuchen ihrer Bewältigung der Ausdruck des sich entwickelnden Widerspruchs kapitalistischer Produktion. Wie im vorangegangenen Abschnitt dargelegt wurde, besteht dieser sich über die Zyklen von Boom und Krise entwickelnde Widerspruch darin, dass das Kapital in Konkurrenz um die *zahlungsfähige* Nachfrage darum bemüht ist, im Sinne der Produktivitätssteigerung mit der Entlassung von Arbeitskräften die Lohnstückkosten zu senken, während gleichzeitig der Zweck der Vermehrung des Geldes durch die Ausnutzung der *Zahlungsfähigkeit* der Gesellschaftsmitglieder zustande kommt. Dieser über die Konkurrenz um Kostenführerschaft und Marktanteile vorangetriebene Widerspruch – die Überflüssigmachung von Arbeitskräften auf der einen Seite zum Zweck der Ausnutzung der Zahlungsfähigkeit der Bevölkerung auf der anderen Seite – erhält seine zusätzliche Dynamik über den wertimmanenten Widerspruch kapitalistischer Produktion: die Notwendigkeit, die aus der Produktivitätssteigerung resultierende

Wertsenkung mit zusätzlichem Wachstum zu kompensieren. Wie sich dieser Widerspruch kapitalistischer Produktion im Zuge des technischen Fortschritts entwickelt hat, bzw. wie die Politiker die notwendigen Folgen durch immer mehr Kredit – also einen immer größeren Vorgriff auf zukünftige Einkommen – bewältigen wollen, lässt sich gut am Beispiel der USA als dem dominierenden kapitalistischen Markt veranschaulichen.

Quelle: 1799-1949 www.usgovernmentdebt.us; 1950-2019 IMF www.imf.org/external/datamapper/GG_DEBT_GDP

In den ersten 150 Jahren der kapitalistischen Entwicklung stand in den USA die Staatsverschuldung im Wesentlichen im Zusammenhang mit der Finanzierung von Kriegen. Angefangen beim Unabhängigkeitskrieg (1790) über den US Bürgerkrieg (1861-65) bis zur Beteiligung der USA am Ersten und Zweiten Weltkrieg (1917/1941) stieg der Kreditbedarf des Staates mit dem Kriegseintritt jeweils sprunghaft an, konnte aber nach Kriegsende relativ zum Wachstum der Wirtschaft weitgehend wieder abgebaut werden. Auch nach dem zweiten Weltkrieg sank die Staatsverschuldung im Verhältnis zum Bruttoinlandsprodukt über drei Jahrzehnte zunächst leicht unter das Niveau der Vorkriegszeit. Ab 1980 stieg der Kreditbedarf des Staates dann von 40% auf ein neues Niveau von 60% und erreicht aktuell nach der globalen Finanzkrise ein Niveau von 100% der Wirtschaftsleistung. Die Phase ab 1980, die in den USA von Ronald Reagan und parallel dazu in Europa von Margret Thatcher eingeleitet wurde, wird von den Kritikern des sogenannten Neoliberalismus als Versagen der Politik kritisiert. Als ein *»Kurswechsel vom sozialen Keynesianismus zu den Doktrinen einer marktradikalen Gesellschaftsformierung«*[16], der rückgängig gemacht werden müsste und angeblich rück-

---

[16] Aufruf für ein egalitäres Europa, http://egalitarian-europe.com/wb/pages/de/willkommen.php

gängig gemacht werden könnte. Dass diese Vorstellung von einem Zurück zum angeblich »goldenen Zeitalter des Kapitalismus« unrealistisch ist und worauf die Entwicklung stattdessen zuläuft, wird deutlich, sobald man sich mit den Gründen für die wirtschaftspolitischen Richtungswechsel im letzten Jahrhundert näher beschäftigt. Dazu sollen am Beispiel der US-Staatsverschuldung im Folgenden zunächst einmal die drei Jahrzehnte keynesianischer Wirtschaftspolitik bis zum Kurswechsel Anfang der 80er Jahre genauer betrachtet werden.

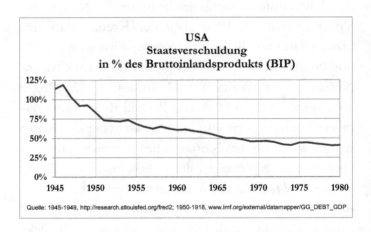

USA
Staatsverschuldung
in % des Bruttoinlandsprodukts (BIP)

Quelle: 1945-1949, http://research.stlouisfed.org/fred2; 1950-1918, www.imf.org/external/datamapper/GG_DEBT_GDP

Die durch den Zweiten Weltkrieg verursachte hohe Verschuldung sank über dreieinhalb Jahrzehnte keynesianischer Wirtschaftspolitik dank eines durchschnittlich vierprozentigen Wirtschaftswachstums bis Ende der 60er Jahre von 120% auf unter 40% des Bruttoinlandsprodukts und schien sich auf diesem Niveau im Verhältnis zur Wirtschaftsleistung zu stabilisieren. Zwei Sachverhalte waren für diese Entwicklung entscheidend.

Ökonomisch wurde der lang anhaltende Wirtschaftsaufschwung, der zu einer Reduzierung der relativen Verschuldung führte, durch den wissenschaftlich-technischen Fortschritt begünstigt, der sich im Rahmen der zweiten industriellen Revolution vom Ende des 19. Jahrhunderts bis Mitte des 20. Jahrhunderts über eine Vielzahl entscheidender Erfindungen vollzog. Angefangen bei Haushaltsgeräten über Medizintechnik und Unterhaltungselektronik bis zur Automobilbranche und Luftfahrtindustrie kam auf der Basis grundlegender Erfindungen mittels neuer Werkstoffe und Produktionsverfahren eine Massenproduktion zustande, die über die Herausbildung völlig neuer Märkte eine enorme Marktausweitung ermöglichte. Eine in dieser Form nicht wiederholbare ökonomische Revolution, da ihre Errungenschaften nur einmal als Innovation stattfinden können. In dieser Phase wurde die wert-

und damit wachstumssenkende Wirkung der Produktivitätssteigerung erfolgreich durch die erweiterte Produktion in den neu entstandenen Wirtschaftszweigen überkompensiert. Ein Sachverhalt, der mit der zunehmenden Ausschöpfung der neuen Marktpotentiale stetig an Kompensationskraft verlor. Während in den 50er Jahren die Wachstumsraten noch bei durchschnittlich 4,5% lagen, näherte sich der Wachstumstrend gegen Ende der 70er Jahre der Zweiprozentmarke.[17]

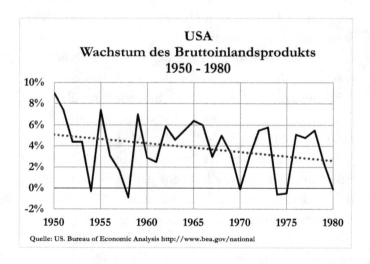

USA
Wachstum des Bruttoinlandsprodukts
1950 - 1980

Quelle: US. Bureau of Economic Analysis http://www.bea.gov/national

---

[17] Vgl. hierzu: Robert J. Gordon, The rise and fall of American growth, Princeton University Press 2016

Der zweite Sachverhalt, der im Hintergrund eine wesentliche Rolle spielte, ist *politisch* bedingt. Zum Ende des Zweiten Weltkrieges wurde in Bretton Woods mit der Beseitigung des Goldstandards und der Einführung des US-Dollars als Leitwährung (zunächst allerdings mit Goldkonvertibilität) die neue internationale Währungsordnung vereinbart. Praktisch bedeutete dies, dass es für die USA durch den als Weltgeld akzeptierten Dollar möglich wurde, mit der Ausgabe der eigenen Währung weltweites Wirtschaftswachstum zu finanzieren. Auf dieser Grundlage führte die keynesianische Politik einer wachstumsfördernden Staatsverschuldung zu Steuermehreinnahmen, die sich, solange die Wirtschaft wuchs, zwar in der Zunahme der absoluten Verschuldung, nicht aber in der relativen Verschuldung niederschlugen. Der staatliche Aufbau der gesamten Verkehrsinfrastruktur, diverse für eine moderne Industriearbeiterschaft zweckmäßige sozialstaatliche Maßnahmen in den Bereichen von Bildungs- und Medizinwesen sowie die ausufernden Kosten des Vietnamkrieges konnten in dieser Periode selbst unter Inkaufnahme einer leichten Entwertung des Dollars über den weltweiten Verkauf von US-Staatsanleihen finanziert werden. Bereits in den 60er Jahren überstieg infolge der umfangreichen Staatsausgaben der Nennwert der im europäischen und japanischen Besitz befindlichen US-Dollars die US-Goldreserven.

1971 kann es im Zusammenhang mit den nicht nur gegenüber den ölexportierenden Ländern steigenden US-Handelsbilanzdefiziten zum ersten Vertrauensverlust in die Goldkonvertibilität des US-Dollars. Die Reaktion der US-Regierung war schlicht die Aufhebung der Goldkonvertibilität und damit die Aufhebung der Begrenzung ihrer Staatsverschuldung. Der Dollar verlor daraufhin zunehmend an Wert. Während der US-Dollar 1971 noch bei 3,49 DM lag, wertete er bis 1979 auf 1,18 DM ab. Parallel zur Entwertung der US-Währung erlahmte der Kompensationsmechanismus, der im Rahmen der zweiten industriellen Revolution trotz steigender Produktivität eine Zunahme der in Geld gemessenen Produktionswerte ermöglicht hatte. Entsprechend konnte in dieser Phase die Überflüssigmachung von Arbeitskräften im Zuge des Produktivitätsfortschritts immer weniger durch zusätzliche Produktion in anderen, neu entstandenen Wirtschaftszweigen kompensiert werden. Die Arbeitslosigkeit, d.h. die fehlende Möglichkeit, Arbeitskräfte lohnend anzuwenden, stieg in den USA auf ein Niveau von 7%. 1973 erwiesen sich die in Konkurrenz um die zahlungsfähige Nachfrage gegeneinander aufgebauten Produktionskapazitäten als Überkapazitäten bezogen auf die vorhandene Zahlungsfähigkeit. In dieser Situation war der Beschluss der OPEC, die Ölpreise zu erhöhen, der Auslöser, über den die Widersprüche der kapitalistischen Produktion zur sogenannten ersten

Ölkrise führten. 1979 kam es mit einem erneuten starken Einbruch der Wirtschaftsaktivität zur zweiten Ölkrise. Gleichzeitig führte die starke Erhöhung der Ölpreise, die immer weniger wachstumsfördernde staatliche Verschuldung sowie die Abwertung des US-Dollars zu zunehmender Geldentwertung im US-amerikanischen Binnenmarkt. 1980 erreichte die Inflation in den USA 14%. Mit dem Zusammentreffen von Arbeitslosigkeit und Inflation entstand ein neuer ökonomischer Begriff: Die sogenannte *Stagflation* – hohe Arbeitslosigkeit bei gleichzeitig hoher Inflation und geringem Wachstum.

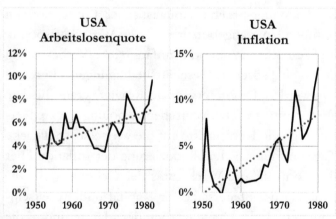

Quelle: Federal Reserve Economic Data, https://research.stlouisfed.org/

Angesichts der mit steigender Inflation und Arbeitslosigkeit offensichtlicher werdenden Erfolglosigkeit des Versuchs, die gesamtwirtschaftliche Nachfrage nach Gütern und Dienstleistungen zu steuern, gerieten die Vertreter keynesianischer Wirtschaftspolitik Ende der 70er Jahre immer stärker in die Defensive. An deren Stelle setzte sich in den USA unter Ronald Reagan und in Europa unter Magret Thatcher die sogenannte neoliberale Wirtschaftspolitik durch. Unter der ausdrücklichen Anerkennung, dass das Investitionsverhalten und damit das wirtschaftliche Wachstum und die Beschäftigung in erster Linie von den Renditeerwartungen der Kapitalgeber bestimmt wird, sollten von nun an die Widersprüche kapitalistischer Produktion im Rahmen einer angebotsorientierten Wirtschaftspolitik im Wesentlichen über die umfangreiche Verbesserung der kapitalistischen Geschäftsbedingungen überwunden werden. Das unter Ronald Reagan verabschiedete »Programm zur ökonomischen Erholung« setzte hierfür folgende Kernpunkte auf die wirtschaftspolitische Tagesordnung: 1. Die Reduzierung der Inflation über die Kontrolle des Wachstums der Geldmenge, 2. die Senkung der Steuersätze für Kapital und Arbeitseinkommen, 3. die Deregulierung der Märkte und 4. die Verringerung der Staatsausgaben.

Die Resultate der neuen wirtschaftspolitischen Ausrichtung, die über drei Amtsperioden unter Ronald

Reagan und seinem Stellvertreter und späterem Nachfolger George H. W. Bush umgesetzt wurde, waren zunächst durchaus erfolgreich. Die »Stagflation«, die am Ende der keynesianischen Wirtschaftsepoche die US-Ökonomie prägte, wurde innerhalb weniger Jahre angebotsorientierter Wirtschaftspolitik überwunden. Bereits ein Jahr vor Reagans Amtsantritt hatte der neue Vorsitzende der US-Notenbank, Paul Volcker, den US-Leitzins auf 20% hochgetrieben. Die Verteuerung der Kreditkosten senkte die Zahlungsfähigkeit der Wirtschaftssubjekte und viele bisher für die Geldvermehrung aussichtsreiche Geschäftsaktivitäten wurden eingestellt. Die Inflation sank über die mit den erhöhten Kreditkosten eingeleitete Rezession von knapp 14% auf ein neues Niveau unter 4%. Parallel zur Zinserhöhung wurde mit dem Amtsantritt von Roland Reagan zur Stimulierung der Wirtschaft der Spitzensteuersatz der Einkommensteuer in mehreren Schritten von 70% auf 28% reduziert und der Köperschaftsteuersatz von 48% auf 34% gesenkt. Die Arbeitslosigkeit, die zunächst mit dem Wirtschaftsabschwung zu Beginn der Präsidentschaft von Ronald Reagan einen weiteren kräftigen Anstieg in Richtung 10% verzeichnete, konnte im Zuge des ab 1983 verstärkt einsetzenden Wirtschaftswachstums nahezu halbiert werden, stieg jedoch mit der Wirtschaftskrise in 1991 erneut auf 8% an. Insgesamt wuchs die US-

Wirtschaft über die drei Amtsperioden der »Reaganomics« trotz der beiden Wirtschaftseinbrüche in 1982 und 1991 mit durchschnittlich 3%.

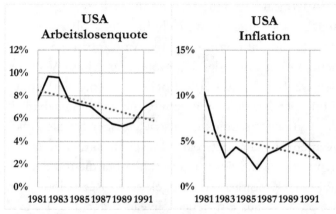

Quelle: Federal Reserve Economic Data, https://research.stlouisfed.org/

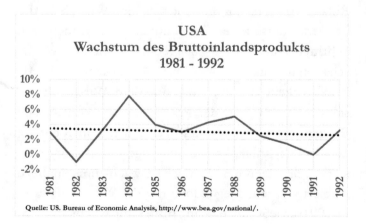

Quelle: US. Bureau of Economic Analysis, http://www.bea.gov/national/.

Die im Vergleich zur »Stagflation« am Ende der keynesianischen Wirtschaftsepoche durchaus stabilisierte kapitalistische Wirtschaftsentwicklung ist allerdings nicht das alleinige Resultat der angebotsorientierten Verbesserung der kapitalistischen Geschäftsbedingungen. Neben den hierüber temporär durchaus stimulierenden Effekten war die verbesserte Wirtschafssituation zugleich das Resultat einer gigantischen in- und ausländischen Verschuldung. Die jährlichen Haushaltsdefizite, über die bereits unter der keynesianischen Wirtschaftspolitik regelmäßig zusätzliche Mittel zur Wirtschaftsförderung bereitgestellt wurden, stiegen während der Amtszeit von Reagan und Bush von 70 Milliarden US-$ auf 290 Milliarden US-Dollar an. Die Staatsverschuldung im Verhältnis zum Bruttoinlandsprodukt verdoppelte sich über die drei Amtsperioden von 30% auf 60%. Ähnlich einem klassischen Konjunkturprogramm schufen die zunehmend über Schulden finanzierten Ausgaben Einkommen und Beschäftigung, für die es ohne die Verschuldung kapitalistisch keinen Grund gegeben hätte. In Spekulation auf zukünftige Einkommen wurde im Rahmen der Haushaltsdefizite von 1981 bis 1992 durchschnittlich für 190 Milliarden US-Dollar pro Jahr zusätzliche Nachfrage geschaffen, die einen nicht unerheblichen Faktor für die relative Stabilisierung der kapitalistischen Produktion in den USA darstellte.

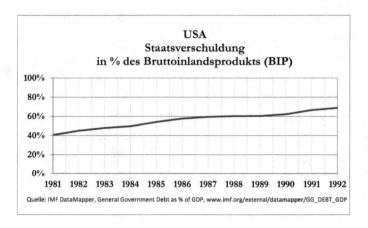

USA
Staatsverschuldung
in % des Bruttoinlandsprodukts (BIP)

Quelle: IMF DataMapper, General Government Debt as % of GDP, www.imf.org/external/datamapper/GG_DEBT_GDP

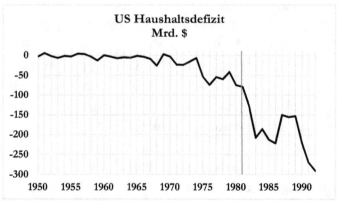

US Haushaltsdefizit
Mrd. $

Quelle: Federal Reserve Economic Data
http://research.stlouisfed.org/fred2

70

Die wirtschaftliche Entwicklung von 1945 bis Anfang der 90er Jahre zeigt, dass sich die Widersprüche kapitalistischer Produktion weder durch eine *nachfrageorientierte* noch über eine *angebotsorientierte* Wirtschaftspolitik aufheben lassen. Die nachfrageorientierte, auf die Erhöhung der Kaufkraft bezogene Wirtschaftspolitik hat im Wesentlichen zwei Ansatzpunkte: Sie kann erstens als kreditfinanzierte Nachfrage in Erscheinung treten, indem sie direkt über zusätzliche Staatsausgaben die für kapitalistisches Wachstum erforderliche Zahlungsfähigkeit erzeugt oder indirekt über Zinssenkungen Anreize zu zusätzlicher Kreditaufnahme gibt. Sie kann zweitens durch eine Umverteilung der Einkommen über Steuern oder direkte Lohnerhöhungen zu einer Kaufkrafterhöhung beitragen. Im ersten Fall fördert die nachfrageorientierte Wirtschaftspolitik parallel zur Produktionsausweitung die Inflation, indem sie den Produzenten die Möglichkeit bietet, die Preise zu erhöhen. Im zweiten Fall beschleunigt sie den Punkt, an dem es über die kapitalistische Tendenz zur »Überproduktion« zur Krise kommt. Wenn nämlich die über Einkommenssteigerungen zustande gekommene zusätzliche Kaufkraft nicht direkt über höhere Preise neutralisiert wird, haben die Lohnsteigerungen die gleiche Wirkung wie der Preiskampf in der Konkurrenz um die Marktanteile: Sie reduzieren die Differenz zwischen den Lohnstückkosten und den über die Arbeit geschaffenen Werten und damit den Gewinn als den alleinigen Grund für die kapitalistische Produktion.

Spätestens in der Krise, wenn sich für viele Produktionsmittelbesitzer die Anwendung der Produktionsmittel nicht mehr lohnt, gewinnen dann die Vertreter einer angebotsorientierten Politik an Boden, indem sie für die Einsicht werben: »Besser ein niedriger Lohn als keine Arbeit«. Die angebotspolitischen Maßnahmen, die in Reaktion auf das Scheitern der nachfrageorientierten Politik von vielen Anhängern der marktwirtschaftlichen Wirtschaftsordnung befürwortet werden, zäumen den Widerspruch kapitalistischer Produktion dann von der anderen Seite auf. Gefangen in der Rationalität der kapitalistischen Eigentumsordnung ist plötzlich in der wirtschaftspolitischen Diskussion Arbeitslosigkeit nicht mehr das Ergebnis zu geringer Nachfrage, sondern das Ergebnis zu hoher Lohnkosten. Die Senkung der Lohnstückkosten wird zum entscheidenden Mittel in der Konkurrenz um die zahlungsfähige Nachfrage. Produziert wird in der Marktwirtschaft schließlich nur, wenn es sich für die Unternehmer loht. Diese als ökonomische Selbstverständlichkeit akzeptierte *Folge der kapitalistischen Eigentumsverhältnisse* führt im Hinblick auf das Scheitern der nachfragepolitischen Maßnahmen zur Überzeugung, dass allein die Verbesserung der Geschäftsbedingungen des

Kapitals die Wirtschaft wieder in Schwung bringen kann.

Kurzfristig ein durchaus wirkungsvolles Rezept, denn genauso wie staatliche Konjunkturprogramme zunächst die kapitalistische Wirtschaftstätigkeit anregen, bevor sie – parallel zur ungebrochenen kapitalistischen Tendenz, Arbeitsplätze abzubauen und »Überkapazitäten« aufzubauen – zunehmend die Inflation fördern, genauso stimuliert die Verbesserung der kapitalistischen Geschäftsbedingungen zunächst das Wachstum der kapitalistischen Wirtschaft. Wo die Lebensbedingungen der Bevölkerung – ihre Sozial-, Arbeits-, und Umweltstandards – als Kosten in der Gewinnkalkulation den Zweck der Produktion negativ beeinflussen, führen der Abbau von Arbeits- und Umweltschutzbestimmungen sowie ein Sinken der Löhne zu neuen Geschäftschancen. Soweit diese verbesserten Geschäftsbedingungen nicht in der Konkurrenz zwischen den kapitalistischen Nationen unmittelbar über Importbeschränkungen aufgehoben werden, kommt es jedoch spätestens über die Konkurrenz der Unternehmen zu einer allmählichen Vereinheitlichung der Geschäftsbedingungen auf einem neuen Niveau. Das angebotspolitisch gestartete »race to the bottom« ändert daher nichts daran, dass die Konkurrenz um die zahlungsfähige Nachfrage immer wieder Überkapazitäten bezogen auf die zahlungsfähige Nachfrage aufbaut. Spätestens mit der Krise – wenn zu viel Reichtum im Verhältnis zur Zahlungsfähigkeit der Bevölkerung geschaffen wurde – bekommen dann die Befürworter der nachfrageorientierten Politik wieder Oberwasser, indem sie auf die andere Seite des Widerspruchs verweisen: die Kaufkraft der arbeitenden Bevölkerung als Bedingung für die Realisierung des über die Ausnutzung fremder Arbeitskraft in der Produktion gewonnenen Mehrwerts.

Vor dem Hintergrund von Stagflation und Krise Ende der 70er Jahre und damit des Scheiterns des Keynesianismus auf der einen Seite sowie der ausufernden Staatsverschuldung im Rahmen der »Reaganomics« auf der anderen Seite gewann Bill Clinton 1992 unter dem Label »New Democrats« die US-Präsidentschaftswahl. Das wirtschaftspolitische Programm, mit dem er antrat, war der Versuch des »Dritten Weges« zwischen klassischer angebots- und nachfrageorientierter Wirtschaftspolitik. Ein Programm, das wenige Jahre später in Europa die sogenannte »Neue Sozialdemokratie« unter Tony Blair und Gerhard Schröder zur Nachahmung inspirierte.

Unter dem Wahlkampfmotto »Putting People First« propagierte Clinton die Einführung einer allgemeinen Krankenversicherungspflicht, verstärkte Investitionen in Forschung und Bildung sowie staatliche Konjunkturprogramme zur Förderung des langfristigen Wirtschaftswachstums bei gleichzeitigem Abbau der Haushaltsdefizite. In der ersten Amtsperiode setzte die neue Administration unter Bill Clinton im Sinne dieses Programms zunächst einige nachfrageorientierte Akzente und verabschiedete Steuerentlastungen für die breite Mittelschicht bei gleichzeitiger Erhöhung des Spitzensteuersatzes auf 39,6%. Unter dem zunehmenden Druck der Republikaner, die zunächst weiter steigenden Haushaltdefizite abzubauen, verkündete Bill

Clinton 1996 das Ende der Ära von »Big Government« und des Wohlfahrtsstaates. Eine entsprechend eingeleitete Sozialhilfereform, die die Zeitspanne für einen Anspruch auf Sozialhilfeunterstützung auf fünf Jahre für die gesamte Lebenszeit begrenzte, führte zu einer deutlichen Kostenreduzierung im Haushalt. Insgesamt wurden 1996 im Haushaltsplan 260 Milliarden Dollar an Einsparungen geplant, davon 125 Milliarden im Gesundheitsbereich. Parallel hierzu wurden während der Amtszeit von Clinton die unter Reagan bereits begonnenen Maßnahmen zur Privatisierung öffentlicher Unternehmen sowie die Deregulierung von Arbeits- und Finanzmärkten verstärkt umgesetzt.

Die positive Entwicklung ökonomischer Kennzahlen schien den sogenannten »Dritten Weg« zwischen angebots- und nachfrageorientierter Politik zunächst zu bestätigen: Der Wirtschaftsaufschwung, der nach der Wirtschaftskrise von 1991 bereits unter Clintons Vorgänger begann, setzte sich fort und erhielt ab Mitte der 90er Jahre mit dem Boom der »New Economy« umfangreiche zusätzliche finanzielle Mittel. Auf der Grundlage der ungebrochenen exponentiellen Entwicklung der Mikroelektronik entstanden mit dem Internet und dem Mobiltelefon neue Geschäftsfelder, die in Spekulation auf zukünftige Einkommen mit einer umfangreichen Herausgabe neuer Aktien finanziert wurden. Von 1993 bis Ende 2000 lag die durchschnittliche Wachstumsrate bei 4,2%, die Arbeitslosenquote sank von 7% auf 4% und die Inflationsrate lag durchschnittlich unter 3%. Dank der Steuereinnahmen infolge des Wirtschaftsaufschwungs und den zur Haushaltsdeckung genutzten Überschüssen aus den Sozialversicherungen wurden ab 1998 Haushaltsüberschüsse von insgesamt 444 Milliarden US-$ erzielt. Im März 2000 endete der »Dritte Weg« mit der sogenannten New-Economy-Krise.

Den mit dem Börsencrash einsetzenden massiven Vertrauensverlust in die im Wesentlichen über die Herausgabe neuer Aktien finanzierten Geschäftsideen im Bereich der elektronischen Medien versuchte die neue Regierung unter G. W. Bush zu überwinden, indem sie über Steuer- und Zinssenkungen sowie die Deregulierung der Finanzmärkte Anreize zur erneuten spekulativen Geldschöpfung schuf. Der drohende lang anhaltende Wirtschaftsabschwung sollte dadurch aufgehalten werden und die wirtschaftspolitischen Maßnahmen zeigten mit einem »Wirtschaftswunder« in der Baubranche auch schnell Wirkung. Das enorme Ausmaß der neu entfachten Spekulation auf zukünftige Einkommen lässt sich gut an der Entwicklung der Vergabe von Hypothekendarlehen in den USA studieren.

Von 6,5 Billionen US-$ in 2000 stieg das kumulierte Volumen der Hypothekendarlehen auf 11,5 Billionen US-$ in 2005 und 14,3 Billionen im 2007 an. Der Vergleich zum Wachstum des Bruttoinlandsprodukts verdeutlicht, dass das Wachstum in den USA in diesem Zeitraum im Wesentlichen über die Baubranche angetrieben wurde. Millionen Häuser wurden in den USA gebaut und die Preise stiegen derart, dass immer mehr dazu übergingen, Häuser in Spekulation auf die zu erwartenden Immobilienpreissteigerungen zu kaufen.

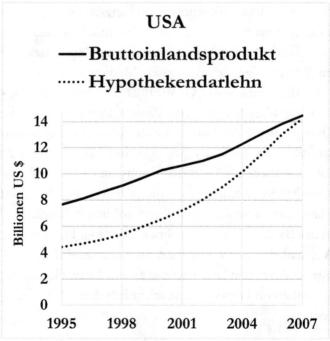

Quelle: Federal Reserve Economic Data
Mortgage Debt Outstanding, All holders, Annual, Not Seasonally Adjusted

Zur Finanzierung dieses gewaltigen Booms in Spekulation auf die zukünftige Zahlungsfähigkeit der privaten Haushalte bedurfte es allerdings mehr als nur der Herabsetzung der Federal Funds Rate von 6,5 % auf 1%, die die US-Zentralbank von 2000 bis 2003 durchführte. Mit der Aufhebung des »Glass-Steagall Act«, einem Gesetz zur Trennung von Kredit- und Investmentbanken, dem »Financial Service Modernisation Act« sowie dem »Commodity Futures Modernisation Act« hatte die Clinton-Administration bereits am Ende ihrer zweiten Amtszeit die Grundlage für die entscheidende Finanzinnovation geschaffen, über die von 2000 bis 2007 der erneute kräftige Wirtschaftsaufschwung finanziert werden konnte. Ein kapitalistisches »Wirtschaftswunder« im Bausektor, das für Millionen von Menschen statt erzwungener Arbeits- und Einkommenslosigkeit über mehrere Jahre reale Einkommen und Konsumtionsmöglichkeiten erzeugt hat, die es im Rahmen des kapitalistischen Produktionsverhältnisses ohne die mit der Deregulierung der Finanzmärkte ermöglichte Ausweitung des Kredits wegen fehlender Zahlungsfähigkeit nicht gegeben hätte. Ein anschauliches Beispiel dafür, wie das Finanzkapital über die Spekulation auf zukünftige Einkommen alle kapitalistischen Unternehmen ebenso wie die privaten Haushalte befähigt, mit einer größeren Geldmacht zu wirtschaften, als der, die sie von sich aus zustande gebracht haben.

Um die finanztechnische Innovation zu verstehen – über die es möglich wurde, den Wirtschaftseinbruch infolge der »New Economy Krise« zu überwinden und gleichzeitig eine allseitigere und gewaltigere Krise vorzubereiten – ist es hilfreich, zunächst einmal zu betrachten, wie die herkömmliche Finanzierung des Häusermarktes funktioniert.

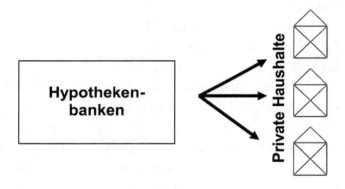

Die privaten Haushalte verschaffen sich die erforderliche Zahlungsfähigkeit für den Bau und Erwerb von Eigenheimen über Hypothekenkredite, die ihnen die Banken in Spekulation auf die zukünftigen Einkommen gegen Zins gewähren. Die Banken finanzieren ihr Kreditgeschäft über ihre Bankeinlagen bzw. über die Ausgabe von eigenen Aktien und Anleihen, die sie mit Verweis auf ihr erfolgreiches Geschäftsmodell am Kapitalmarkt an Investoren verkaufen. Begrenzt wird das Kreditgeschäft der Banken im Wesentlichen über die

Refinanzierungskapazitäten der Banken, d.h. über ihre Fähigkeit, mit der Herausgabe von Aktien und Anleihen sich zusätzliches Eigen- bzw. Fremdkapital als Grundlage für ihr Hypothekengeschäft zu beschaffen.

Um das Wirtschaftswachstum über die Refinanzierungskapazitäten der Banken hinaus zu fördern, wurde in den USA über die staatlichen bzw. später teilprivatisierten Hypothekenbanken mit den Namen Freddie Mac und Fannie Mae zusätzlich ein sogenannter Sekundärmarkt geschaffen. In diesem Sekundärmarkt konnten die Hypothekenbanken ihre Hypothekendarlehn verkaufen und erhielten darüber nahezu unbegrenzt Finanzmittel, um neue Hypothekendarlehn vergeben zu können. Die staatlichen bzw. halbstaatlichen Hypothekenbanken refinanzierten sich wiederum, indem sie die Hypothekenforderungen verbrieften, d.h. über juristische Rahmenverträge in *forderungsbesicherte Wertpapiere* verwandelten. Diese konnten nun ebenfalls über den globalen Kapitalmarkt weltweit an interessierte Investoren (Banken, Versicherungen, Pensionsfonds und diverse staatliche oder private Investmentfonds) verkauft werden. In dieses lukrative Geschäft stiegen infolge der staatlichen Deregulierung der Finanzmärkte auch die Investmentbanken im großen Stil ein. Genauso wie die halbstaatlichen Banken kauften sie den lokalen Hypothekenbanken ihre Hypothekendarlehn ab, um sie als forderungsbesicherte

Wertpapiere über den globalen Kapitalmarkt an interessierte Investoren weiterzuverkaufen.

So kompliziert wie die forderungsbesicherten Wertpapiere im Einzelnen auch gestaltet wurden, so einfach ist das ihnen zugrundeliegende Prinzip. Über die vertragsrechtliche Umgestaltung der Hypothekendarlehn in handelbare Wertpapiere wurde eine Plattform geschaffen, auf der die US-Banken effektiv größere Geldsummen verleihen konnten, als es anderenfalls bezogen auf die US-Finanzmärkte möglich gewesen wäre. Die rechtlich abgesicherte internationale Handelbarkeit der in Wertpapiere umgewandelten Hypothekendarlehn ermöglichte die Ausweitung des Kredits über den globalen Kapitalmarkt. Die Hypothekenvergabe änderte sich von den verschlafenen Tagen, als Hypothekenbanken Kredite über 30 Jahre hielten, um von der Differenz zwischen ihren Finanzierungskosten und den für die Hypothekenkredite gezahlten Zinsen zu profitieren, hin zu einer neuen Ära, in der die Idee war, die Kredite so schnell wie möglich rund um den Globus weiterzuverkaufen.[18]

---

[18] Ausführlicher in: Hermann Lueer, Der Grund der Finanzkrise. Von wegen unverantwortliche Spekulanten und habgierige Bankmanager, 5. Aufl. 2015

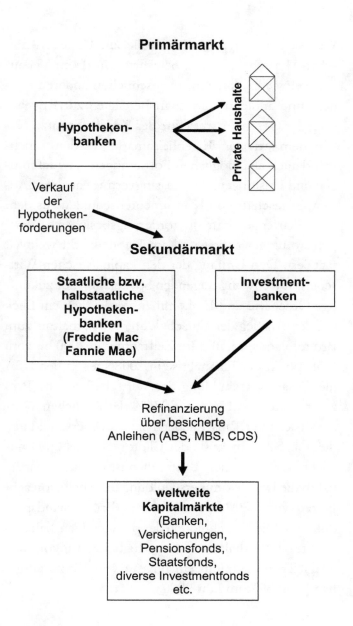

Primärmarkt

Hypotheken-banken

Private Haushalte

Verkauf
der
Hypotheken-
forderungen

Sekundärmarkt

Staatliche bzw. halbstaatliche Hypotheken-banken (Freddie Mac Fannie Mae)

Investment-banken

Refinanzierung
über besicherte
Anleihen (ABS, MBS, CDS)

weltweite Kapitalmärkte
(Banken,
Versicherungen,
Pensionsfonds,
Staatsfonds,
diverse Investmentfonds
etc.

Was sich in seiner Vorreiterrolle am US-amerikanischen Hypothekenmarkt bewährte, wurde im Verlauf des weltweiten Aufschwungs schnell in anderen Ländern und anderen Wirtschaftsbereichen zur Erweiterung der Geschäfte mit Hilfe des Kredits genutzt. Neben dem privaten Eigenheimmarkt wurden zunehmend auch alle möglichen Forderungen aus Lieferungen und Leistungen, z.B. Leasingverträge aus dem Automobilgeschäft und Konsumentenschulden aus dem Kreditkartengeschäft, in forderungsbesicherte Wertpapiere umgewandelt und am Kapitalmarkt weltweit platziert. Den Umfang der den kapitalistischen Wirtschaftsaufschwung tragenden Spekulation auf zukünftige Geschäfte und Einkommen verdeutlich ein Blick auf den Anstieg der Verschuldung im Verhältnis zum Bruttoinlandsprodukt. Im Zeitraum von 2000 bis zum Höhepunkt der Finanzkrise in 2008 stieg in den USA die Gesamtverschuldung der Wirtschaft um 60 Prozentpunkte von 176% auf 236% der jährlichen Wirtschaftsleistung. Einschließlich der Staatsverschuldung, die von 54% am Ende der Clinton Ära bis 2008 nur leicht auf 65% des Bruttoinlandsprodukts anstieg, nahm die US-Gesamtverschuldung innerhalb von acht Jahren von 220% auf 300% des Bruttoinlandsprodukts zu. Die Verschuldung der privaten Haushalte erreichte im Verhältnis zum verfügbaren Einkommen im gleichen Zeitraum ein Niveau von 125%, ausgehend von 89% im Jahr 2000.

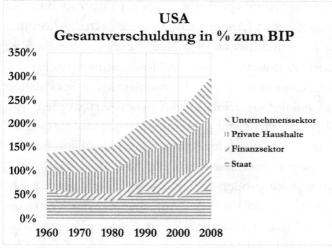

USA
Gesamtverschuldung in % zum BIP

Quelle : McKinsey Global Institute, Debt and Deleveraging 2010 / 2013,
http://www.mckinsey.com/insights/mgi/research/financial_markets

USA
Verschuldung der privaten Haushalte
im Verhältnis zum verfügbaren
Einkommen

Quelle: McKinsey Global Institute,
Debt and not much deleveraging, February 2015

Auf der Grundlage des in ähnlicher Form auch in den europäischen Ländern ausgeweiteten Kredits konnten so im Anschluss an die »New Economy Krise« über einen Zeitraum von sieben Jahren umfangreich Häuser, Autos und sonstige Konsumartikel in Spekulation auf zukünftige Einkommen produziert werden. Ein physischer Reichtum, der durch Arbeit real geschaffen wurde, der jedoch im Rahmen der kapitalistischen Eigentumsverhältnisse ohne die Not einer Naturkatastrophe zu großen Teilen wieder vernichtet werden musste, als am Ende des Aufschwungs das Vertrauen in den Kredit verloren ging und jeder plötzlich Geld statt Kredit sehen wollte.

Die Ausweitung des Kredits über den globalen Kapitalmarkt hat aber nicht nur in den USA und Europa für die erforderliche Zahlungsfähigkeit gesorgt, die in der kapitalistischen Eigentumsordnung erforderlich ist, um die sonst brachliegenden privatisierten Produktionsmittel zur Anwendung zu bringen. Die Finanzierung des von Jahr zu Jahr wachsenden US-Handelsbilanzdefizits über den weltweiten Verkauf von verbrieften US-Kreditforderungen und Staatsanleihen ermöglichte zudem ab Mitte der 90er Jahre im Rahmen der Globalisierung die zunehmende Verlagerung von Produktionsstätten in sogenannte Billiglohnländer.

Allein in den sieben Jahren von 2000 bis Anfang 2007 betrug das *jährliche* »Konjunkturprogramm« in den Ländern, mit denen die USA ein Handelsdefizit aufwiesen, durchschnittlich 550 Milliarden US-$. Um die Werthaltigkeit des US-Dollars und damit die jährlichen Handelsbilanzdefizite aufrechterhalten zu können, mussten entsprechende Milliardenbeträge in die US-Finanzmärkte zurückfließen. Die weltweite Vermarktung von hypothekarisch besicherten Anleihen, die den gigantischen Boom des amerikanischen Häusermarktes ermöglichte, finanzierte so indirekt den milliardenschweren Einkauf von Produkten aus sogenannten Billiglohnländern. Insbesondere der Defizitkreislauf mit China wurde darüber zum Motor für das weltweite Wirtschaftswachstum: Die US-Wirtschaft kaufte im Rahmen ihres Handelsbilanzdefizites Waren in China und die chinesische Staatsbank investierte die Dollar aus ihrem Handelsbilanzüberschuss in US-Staatsanleihen sowie verbriefte US-amerikanische Hypothekendarlehn.[19]

Ohne diese über US-Kredit erzeugte Zahlungsfähigkeit hätte dem chinesischen »Wirtschaftswunder« schlicht das Geld gefehlt. Das weltweit vorhandene

---

[19] Von 2000 bis 2008 betrug das Handelsbilanzdefizit der USA gegenüber China 1,5 Billionen US$,
https://www.census.gov/foreign-trade/statistics/historical/index.html

Produktionspotenzial wäre wegen fehlender Zahlungsfähigkeit nicht angewandt worden. Arbeitslosigkeit und Verelendung hätten stattdessen neben Überkapazitäten neue Rekordmarken erreicht.

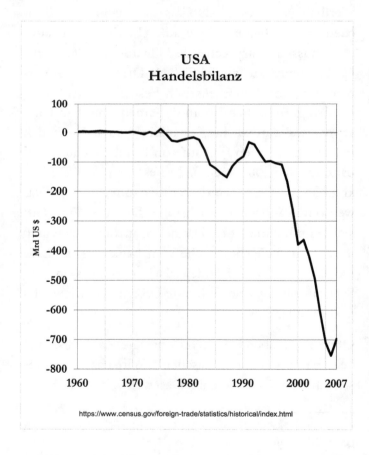

USA
Handelsbilanz

https://www.census.gov/foreign-trade/statistics/historical/index.html

Die Finanzkrise ist daher ebenso wie die ihr vorausgegangenen kapitalistischen Wirtschaftskrisen weder die Folge falscher Wirtschaftspolitik noch das Resultat verantwortungsloser Spekulanten und habgieriger Bankmanager. *Ohne* die wirtschaftspolitisch geförderten Leistungen des Finanzkapitals hätte es die kapitalistische auf das Geld und seine Vermehrung bezogene Produktion in dem Umfang, in dem sie seit der industriellen Revolution real stattgefunden hat, nicht gegeben. Angefangen beim einfachen Bankkredit über Aktien und Anleihen bis zu derivativen Finanzinstrumenten hat das Finanzkapital aus seinem eigenen Geschäftsinteresse heraus dafür gesorgt, dass die für die kapitalistische Produktion erforderliche Zahlungsfähigkeit in Form unterschiedlicher Kreditprodukte geschaffen wurde.

Nicht eine falsche Wirtschaftspolitik oder die Dominanz des Finanzkapitals, sondern der die Marktwirtschaft bestimmende Zweck liefert den Grund kapitalistischer Wirtschaftskrisen. Ein Zweck, der nicht einfach die gemeinschaftliche planmäßige Herstellung nützlicher Dinge zur Versorgung der Gesellschaftsmitglieder zum Inhalt hat, sondern die Vermehrung von Geld. Geld, das die Privateigentümer der Produktionsmittel in Konkurrenz um die Marktanteile als ihr Kapital in die Erweiterung und Verbesserung der Produktionsprozesse investieren, solange absehbar ist, dass die Anwendung der fremden Arbeitskräfte für die Kapitalisten einen Gewinn verspricht. Mit dem Volumen der im Anschluss an die »New-Economy-Krise« über die Verbriefungstechnik global aufgebauten Spekulation auf zukünftig erfolgreiche Geschäfte war lediglich das Entwertungspotenzial größer geworden, als bezogen auf den Maßstab kapitalistischer Produktion festgestellt wurde, dass viele Häuser, Autos sowie die entsprechenden Produktionskapazitäten und Arbeitsplätze keine Aussicht auf Geldvermehrung hatten und somit nutzlos wurden. Vor etwas mehr als 170 Jahren haben Karl Marx und Friedrich Engels diesen Widerspruch kapitalistischer Produktion folgendermaßen zum Ausdruck gebracht:

> *»In den Krisen bricht eine gesellschaftliche Epidemie aus, welche allen früheren Epochen als ein Widersinn erschienen wäre – die Epidemie der Überproduktion. Die Gesellschaft findet sich plötzlich in einen Zustand momentaner Barbarei zurückversetzt; eine Hungersnot, ein allgemeiner Verwüstungskrieg scheinen ihr alle Lebensmittel abgeschnitten zu haben; die Industrie, der Handel scheinen vernichtet, und warum? Weil sie zu viel Zivilisation, zu viel Lebensmittel, zu viel Industrie, zu viel Handel besitzt. ... Wodurch überwindet die Bourgeoisie die Krisen? Einerseits durch die erzwungene Vernichtung einer Masse von Produktionskräften; andererseits durch die Eroberung neuer Märkte und die gründlichere Ausbeutung der alten Märkte.*

Wodurch also? Dadurch, dass sie allseitigere und gewalti-
gere Krisen vorbereitet und die Mittel, den Krisen vorzubeu-
gen, vermindert.«[20]

[20] Karl Marx, Friedrich Engels, Manifest der Kommunistischen
Partei, MEW Bd. 4, S. 468

5. Das Ende der klassischen Wirtschafts-politik

Im August 2007 brach in den führenden kapitalistischen Nationen eine Epidemie aus: Die Epidemie der Überproduktion. Der Wirtschaftsaufschwung, der mit der Ausweitung des Kredits über den globalen Kapitalmarkt im Anschluss an die »New-Economy-Krise« über sieben Jahre ermöglicht wurde, erreichte Anfang 2007 den Punkt, an dem es mit dem abnehmenden Vertrauen in die weitere Verschuldungsfähigkeit zu steigenden Umschuldungskosten und damit zu zunehmenden Zahlungsausfällen kam. Obwohl es *theoretisch* keinen exakten Punkt gibt, an dem Überschuldung erreicht ist, war dies bezogen auf das Vertrauen in die weitere Verschuldungsfähigkeit *praktisch* der Zeitpunkt. Der Verkauf von Immobilien an der Ost- und Westküste der USA begann zu stagnieren und wurde ab 2007 mit einen Preisverfall konfrontiert. Am 9. August 2007 kam der Interbankenmarkt in Europa kurzfristig zum Erliegen. Am 15. September 2008 meldete Lehman Brothers Konkurs an. Immer mehr Finanzinstitute in den USA und Europa gerieten in finanzielle Schwierigkeiten. Die ganze Kette der Forderungen und Verbindlichkeiten, die in Spekulation auf zukünftige Einkommen über Kredit in Form der forderungsbesicherten Wertpapiere weltweit aufgebaut worden war, brach ein und die kapitalistische Produktion stand mit ihrem Finanzsystem am Rande des Zusammenbruchs. Zu viel Reichtum stand plötzlich zu wenig Zahlungsfähigkeit gegenüber.

Was vor kurzem noch ein erfolgreiches Geschäft versprach, stellte sich plötzlich am Maßstab des Geldes als »Überkapazität« heraus. Die Finanzbranche entließ tausende ihrer Mitarbeiter. Die Automobilindustrie stellte fest, dass mit dem Einbruch der Kreditvergabe für einen Großteil ihrer Autos nicht mehr genug Zahlungsfähigkeit vorhanden war. Es wurden zu viele Autos produziert und die Produktionskapazitäten waren plötzlich auf Jahre zu groß. Ähnliches entdeckten die Autozulieferbetriebe, der Maschinenbau und die Konsumgüterbranche. Die Arbeitslosigkeit stieg und damit die Verarmung, obwohl sich der physische Reichtum der Gesellschaft nicht in Luft aufgelöst hatte. Er wurde, bezogen auf den Zweck der kapitalistischen Produktion, nur nicht mehr gebraucht.

Auf dem Höhepunkt der Krise in 2008 hatte die Gesamtverschuldung über alle Wirtschaftssektoren in den USA und Europa das Dreifache der Jahreswirtschaftsleistung erreicht. Ein Zahlungsausfall von nur 25% der über Kredit finanzierten Wirtschaftsaktivitäten drohte Vermögenswerte und darüber letztlich Zahlungsfähigkeit in einer Größenordnung von 75% der jährlichen Wirtschaftsleistung zu vernichten.

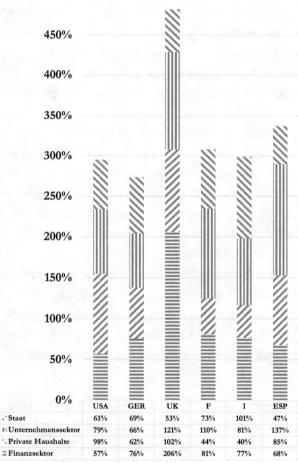

Gesamtverschuldung 2008
in % zum Bruttoinlandprodukt

	USA	GER	UK	F	I	ESP
Staat	61%	69%	53%	73%	101%	47%
Unternehmenssektor	79%	66%	121%	110%	81%	137%
Private Haushalte	98%	62%	102%	44%	40%	85%
Finanzsektor	57%	76%	206%	81%	77%	68%

Quelle : McKinsey Global Institute, Debt and Deleveraging 2010 / 2013,
http://www.mckinsey.com/insights/mgi/research/financial_markets

Das Nebeneinander von Überkapazitäten und Massenverelendung, das 1929 im Rahmen der Weltwirtschaftskrise extreme Formen angenommen hatte, schien in Anbetracht des Ausmaßes des drohenden Zusammenbruchs der zur Förderung des kapitalistischen Wachstums über sechs Jahrzehnte aufgetürmten Kreditkette nur ein kleiner Vorgeschmack auf die verheerende Wirkung der sich nun abzeichnenden Krise zu sein. Ein Szenario, das mit allen zur Verfügung stehenden Mitteln verhindert werden sollte. Um die kapitalistische Produktion aufrechtzuerhalten, mussten zahlungsunfähige Banken und Versicherungen über die staatliche Garantie der Werthaltigkeit uneinbringlicher Forderungen gestützt werden. Bis Ende 2008 wurden für staatliche Rettungsprogramme in den USA ca. 800 Milliarden US-$ und in der EU 1,6 Billionen € aufgewandt. Parallel zu den Rettungsschirmen für notleidende Kreditzusagen wurde ähnlich wie nach der »New-Economy-Krise« eine Niedrigzinspolitik eingeleitet, um die Kreditierung der kapitalistischen Wirtschaft in Spekulation auf zukünftige Einkommen wieder in Schwung zu bringen.

Im Zusammenhang mit Steuerausfällen und stark steigenden Sozialausgaben stiegen infolge des in Rahmen der globalen Finanzkrise einsetzenden Wirtschaftsabschwungs zugleich die staatlichen Haushaltsdefizite: in den USA von 2,9% des Bruttoinlandsprodukts auf

13,2%, in Großbritannien von 3,0% auf 10,8%, in Deutschland von 0,3% auf 3,0%, in Frankreich von 2,5% auf 7,1%, in Italien von 1,5% auf 5,3% und in Spanien von 2,0% auf 11,0%.[21] Die Staatsverschuldung im Verhältnis zur Wirtschaftsleistung erreichte darüber in den USA und den meisten europäischen Ländern ein deutlich höheres Niveau als vor der Finanzkrise. Die im Rahmen der Haushaltsdefizite über zusätzliche Schulden aufrechterhaltenen Staatsausgaben verhinderten somit, dass in einen wesentlich größeren Umfang Produktionskapazitäten aufgrund fehlender zahlungsfähiger Nachfrage abgebaut werden mussten.

---

[21] International Monetary Fund, World Economic Outlook Database, October 2015

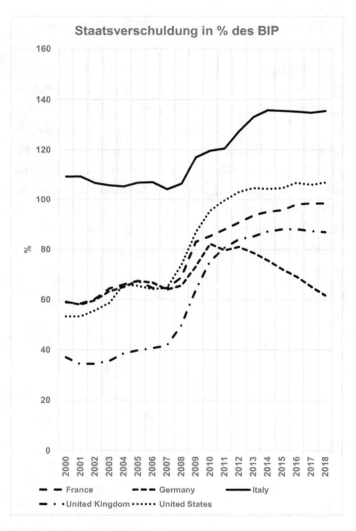

Quelle: IMF Data Mapper
www.imf.org/external/datamapper/GG_DEBT_GDP

Anstelle einer Prognose über die weitere Entwicklung der Verschuldung in den USA und Europa lässt sich am Beispiel Japans studieren, wohin der Widerspruch kapitalistischer Produktion und der Versuch seiner wirtschaftspolitischen Bewältigung dort bereits geführt haben.

Japan hatte seine »Finanzkrise« Anfang der 90er Jahre. Zuvor war Japan bekanntlich ein Wirtschaftswunderland, ähnlich wie heute China. Allein der Zusammenbruch des Immobilien- und Aktienmarktes vernichtete 1989 Werte im Umfang des dreifachen Bruttoinlandsprodukts. Als 1929 im Zuge der Weltwirtschaftskrise in den USA Vermögenswerte in der Größenordnung des damaligen Bruttoinlandsprodukts vernichtet wurden, brach dort die Wirtschaftsleistung um 46 Prozent ein. Als in Japan Vermögenswerte in der Größenordnung der dreifachen Wirtschaftsleistung entwertet wurden, hätte der Wirtschaftseinbruch in Japan somit noch wesentlich stärker ausfallen müssen. Den mit der Krise anstehenden Zusammenbruch der japanischen Bankenwelt, die Pleitewellen in der Realwirtschaft sowie die bevorstehende Massenarbeitslosigkeit konnte die japanische Regierung jedoch durch umfangreiche staatliche Ausgabenprogramme verhindern.[22] Wäh-

---

[22] Vgl. hierzu: Richard C. Koo, The Holy Grail of Macroeconomics. Lessons from Japan's Great Recession, 2009

rend 1990, am Ende des Booms, noch der Unternehmenssektor den größten Anteil an der Verschuldung trug, übernahm in Reaktion auf die Krise nun in Japan der Staat infolge der stark steigenden Haushaltsdefizite den Großteil der Schulden, um die Wirtschaft vor dem verheerenden Zusammenbruch zu bewahren. Die Staatsverschuldung stieg fünf Jahre nach der Krise von 65% auf 95%, erreichte im Jahr 2000 137%, in 2010 208% und liegt 2018 bei einem neuen Höchstwert im Verhältnis zur jährlichen Wirtschaftsleistung von 238%.

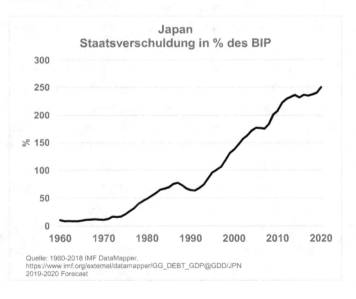

Japan
Staatsverschuldung in % des BIP

Quelle: 1960-2018 IMF DataMapper,
https://www.imf.org/external/datamapper/GG_DEBT_GDP@GDD/JPN
2019-2020 Forecast

Die Gesamtverschuldung Japans über alle Wirtschaftssektoren überschritt 2014 das Fünffache des Bruttoinlandsprodukts.

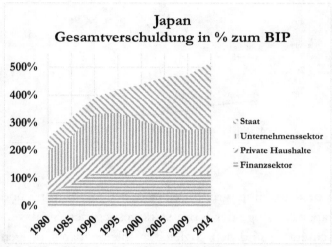

**Japan
Gesamtverschuldung in % zum BIP**

Quelle : McKinsey Global Institute, Debt and Deleveraging 2010 / 2013,
http://www.mckinsey.com/insights/mgi/research/financial_markets

Seit über 25 Jahren versuchen wechselnde Regierungen in Japan, die Stagnation der Wirtschaft durch Niedrigzinspolitik und Konjunkturprogramme zu überwinden. Der ausbleibende Erfolg ist ablesbar in dem mit der Verschuldung steigendem Schuldendienst. Trotz einem historisch niedrigen Zinsniveau binden Zins und Tilgung bereits 40% des jährlichen Steueraufkommens.

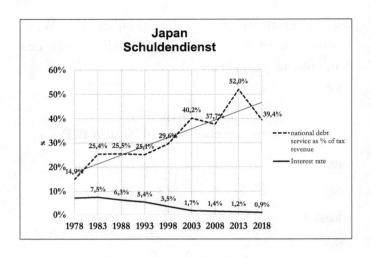

Japan Schuldendienst

Vor dem Hintergrund der in den USA, Europa und Japan im Zuge der Krise stark gestiegenen Staatsverschuldung und den zugleich ausbleibenden Erfolgen bei der Wachstumsförderung ist selbst die Bonität der größten kapitalistischen Wirtschaftsmächte inzwischen keine Selbstverständlichkeit mehr. Die Ratingagenturen sowie die an den Staatsanleihen interessierten Investoren plagt dabei weniger die absolute Höhe der durch den Staat garantierten Schuld oder ein bestimmtes Verhältnis zur Wirtschaftsleistung. Der Trend in der Entwicklung der inzwischen historisch hohen relativen Schuldenlast ist entscheidend für das erforderliche Vertrauen in den Staatskredit und dieser Trend ist seit Jahren negativ. Mit dem Fortschreiten dieser Entwicklung ist nicht mehr auszuschließen, dass einige der gemessen am Bruttoinlandsprodukt größten kapitalistischen Staaten im Zuge ihrer für die Aufrechterhaltung des kapitalistischen Geschäfts erforderlichen Verschuldung zahlungsunfähig werden. Ein Szenario, in dem infolge der engen Verflechtung der Kreditketten auf den internationalen Kapitalmärkten im Unterschied zu früheren, lediglich einzelne Länder betreffenden Staatsschuldenkrisen das weltweite kapitalistische Finanzsystems betroffen wäre.

Die führenden kapitalistischen Nationen sehen sich daher angesichts ihrer in Relation zur Wirtschaftsleistung steigenden Schuldenlast zunehmend vor dem gleichen wirtschaftspolitischen Dilemma, das bisher bei den sogenannten Entwicklungs- und Schwellenländern zu beobachten war. Sämtliche Maßnahmen zur Verringerung der Staatsverschuldung – sei es über Steuererhöhungen oder Ausgabenkürzungen – erweisen sich ohne Wirtschaftswachstum als eine äußerst widersprüchliche Angelegenheit.

Die naheliegende Überlegung, man könne beispielsweise den Reichen einen Teil ihrer gewaltigen Vermögen zwecks Haushaltssanierung über eine Vermögenssteuer entziehen, sieht sich schnell mit der Tatsache konfrontiert, dass ein Großteil ihrer Vermögen als Aktienkapital im kapitalistischen Wirtschaftsleben eingesetzt ist. Ein im Rahmen einer Besteuerung erzwungener Verkauf dieser Vermögen würde neben der Entwertung der Vermögenswerte zu einem Entzug der für kapitalistisches Wachstum erforderlichen Kapitalausstattung führen. Der Zweck, die kapitalistische Wirtschaft zu fördern, würde durch den Abzug dieses Kapitals in sein Gegenteil verkehrt. Ein Zurück zu Einkommenssteuerspitzensätzen von 70%, wie in den 70er Jahren in den USA, wäre zwar ebenfalls denkbar. Aber wieso sollte die gleiche Politik, die zu Zeiten der Stagflation angesichts hoher Arbeitslosigkeit und Inflation aufgegeben wurde, diesmal dem kapitalistischen Wachstum dienen? Am Grund sinkender Wachstumsraten ändert die Steuerpolitik nichts. Über die Wertsenkung der Produkte sowie die Entlassung überflüssiger Arbeitskräfte begrenzen die konkurrierenden Maßnahmen zur Steigerung des Kapitalwachstums dieses zugleich. Der Widerspruch kapitalistischer Produktion lässt sich nicht über eine Umverteilung der Einkommen überwinden.

Auch eine Kürzung der Ausgabenseite als Maßnahme der Haushaltssanierung ist angesichts der Wachstumsschwäche, die es zu überwinden gilt, ein ähnlich widersprüchliches Instrument. Da der Abbau der Haushaltsdefizite über Ausgabenkürzungen der Wirtschaft Nachfrage entzieht, sind radikalen Ausgabenkürzungsprogrammen enge Grenzen gesetzt. Ohne Wirtschaftswachstum ist ein Abbau der Verschuldung, die zur Förderung des Wachstums aufgenommen wurde, kontraproduktiv.

Nicht der Entzug, sondern die Zuführung von Geld ist daher in dieser Situation sowohl für die kapitalistische Wirtschaft als auch für den strapazierten Staatshaushalt vonnöten. Da der entsprechenden keynesianischen Forderung – die Staatsausgaben drastisch zu erhöhen, bis der Privatsektor wieder den Wirtschaftsaufschwung trägt[23] – aufgrund der bereits historisch hohen Staatsverschuldung in Kreisen von Wissenschaft und Politik die notwendige Überzeugungskraft fehlt, sollen neben vereinzelten staatlichen Konjunkturprogrammen vor allem geldpolitische Maßnahmen für die erforderliche Liquidität sorgen. Während hierzu auf der einen Seite staatliche Garantien sicherstellen, dass die im Zuge der Finanzkrise geplatzten Kreditforderungen nicht zu umfangreichen Konkursen im Bankensektor führen, wird gleichzeitig mit einer Niedrigzinspolitik, die inzwischen Negativzinsen einschließt, die für das kapitalistische Wirtschaftsleben existentielle Geldschöpfung gefördert. Faule Kredite mit staatlichen Garantien stützen und neue Kredite fördern, ist das widersprüchliche wirtschaftspolitische Programm, mit dem die drohende Weltwirtschaftskrise verhindert werden soll.

---

[23] Paul Krugman, End This Depression Now, 2013

Bekämpfung der Deflation ist der Name dieses Programms. Um angesichts der Wachstumsschwäche den drohenden Teufelskreis von sinkender Bonität zu steigenden Zinsen, einem weiteren Anstieg der Staatsverschuldung und entsprechend sinkender Bonität zu durchbrechen, haben die Regierungen und ihre Zentralbanken in den drei großen kapitalistischen Zentren die Bekämpfung der Deflation zur höchsten Priorität erklärt. Das Gespenst der Deflation gehe angeblich um. Aber was soll an einer Verringerung der Preise für Güter und Dienstleistungen eigentlich so verheerend sein? Die Kunden mögen dies und die Einkaufabteilungen großer Konzerne ebenso. Über die Verlagerung der Produktion in Billiglohnländer sorgen die Kapitalisten schließlich selbst für die Senkung der Löhne, und dass sich über die Konkurrenz auf dem Markt der Kostenvorteil letztlich in niedrigeren Preisen niederschlägt, ist das gewollte Prinzip der Marktwirtschaft. Ebenso wie beim Produktivitätsfortschritt, der den Aufwand senkt und über die Konkurrenz ebenso die Preise. Aber genau dieser Widerspruch kapitalistischer Produktion ist der Grund für das Gespenst der Deflation: je größer die gesellschaftliche Produktivität, desto kleiner die zur Herstellung einer Ware notwendige Arbeitszeit, desto geringer der Wert der Ware, auf den es in der kapitalistischen Produktion allein ankommt.

Wie bereits im vorrangegangenen Kapitel ausgeführt wurde, kann dieser Widerspruch theoretisch zwei entgegengesetzte Verlaufsformen annehmen: ein die Wertminderung kompensierendes oder sogar überkompensierendes Wachstum oder eine steigende Arbeitslosigkeit und damit eine am Maßstab kapitalistischer Produktion zunehmende Überbevölkerung. Praktisch ermöglichten die grundlegenden Erfindungen im Rahmen der ersten und zweiten industriellen Revolution für einige Jahrzehnte eine die Verdrängung traditioneller Märkte überkompensierende Ausdehnung neuer Märkte. Angefangen bei Haushaltsgeräten über Unterhaltungselektronik bis zur Verkehrstechnik, der medizinischen Versorgung sowie großen Teilen der Lebensmittelindustrie wurden über die Produktivitätssteigerung bestehender Produktionsverfahren hinaus umfangreiche zusätzliche Produktbereiche geschaffen. Bereits mit dem Auslaufen dieser im Rahmen der Technologiesprünge ermöglichten Marktausweitung sahen sich die kapitalistischen Zentren mit sinkenden Wachstumsraten konfrontiert, die auch eine zwecks Aufrechterhaltung der Zahlungsfähigkeit steigende relative Verschuldung nicht verhindern konnte. Mit der dritten industriellen Revolution – der Entwicklung der Mikroelektronik und den hierüber umfangreich entstehenden Automatisierungsmöglichkeiten – wird die Bewältigung des Widerspruchs kapitalistischer Produktion vor eine weitere Herausforderung gestellt. Zwar werden auch im Rahmen dieser erneuten beschleunigten technologischen Entwicklung neue und erweiterte Produktfelder entstehen, allerdings keineswegs im vergleichbaren Umfang zur ersten und zweiten industriellen Revolution. Das selbstfahrende Auto wird kommen, aber bezogen auf die Erweiterung der Märkte ist dies unbedeutend im Vergleich zum ursprünglichen Ersatz der Pferdekutsche durch den Verbrennungsmotor. Ähnliches gilt für das Radio, das Grammophon und das Fernsehen, die mehr zur Markterweiterung beigetragen haben, als die neuen Technologien der vergangenen zwei Jahrzehnte. Der wesentliche Unterschied des neuen Technologiesprungs besteht darin, dass statt der Markterweiterung überwiegend die Produktivität bereits bestehender Produktionsbereiche gesteigert wird, und zugleich die neu hinzukommenden Produkte von Anbeginn an im Verhältnis zum Umsatz deutlich weniger Arbeitskräfte benötigen, als dies beim Entstehen der neuen Märkte in Folge der ersten und zweiten industriellen Revolution noch der Fall war.[24]

---

[24] Siehe hierzu u.a.: Martin Wolf, Why the Techno-optimists are wrong, in: The Fourth Industrial Revolution. A Davos Reader, Council on Foreign Relations 2016
Martin Ford, The Rise of the Robots. Technology and the Thread of Mass Unemployment, 2015
sowie Jeremy Rifkin, The End of Work. The Decline of the Global Labor Force and the Dawn of the Post-Market Era, 1995

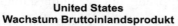

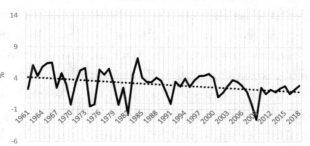

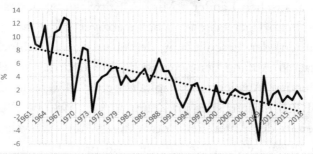

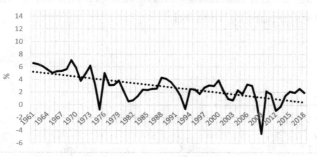

Quelle: World Bank Data,
https://data.worldbank.org/indicator/NY.GDP.MKTP.KD.ZG?locations=JP-US-XC

Die Wertschöpfung und Zahlungsfähigkeit reduzierende Wirkung des Widerspruchs kapitalistischer Produktion – das Bestreben die Arbeitszeit auf ein Minimum zu reduzieren, während sie zugleich Maß und Quelle des kapitalistischen Reichtums ist – erfordert ein überkompensierendes Wachstum, sei es über neue Produktionsfelder oder über *neue Märkte*. Wenn in den kommenden Jahren die Kaufkraft der Bevölkerung in den Entwicklungs- und Schwellenländern stärker zunehmen würde, entstünden hierüber zusätzliche Märkte, die größer wären als die der entwickelten kapitalistischen Länder.[25] Mit der Entwicklung der asiatischen »Tigerstaaten« in den siebziger und achtziger Jahren, der Erschließung der ehemaligen Ostblockstaaten Anfang der neunziger Jahre und der zunehmenden Ausdehnung kapitalistischer Märkte in die BRICS-Staaten stieg im Zeitraum von 1980 bis 2020 bereits der Anteil der Entwicklungs- und Schwellenländer am weltweiten Bruttoinlandsprodukt von 37% auf 60%. Knapp neunzig Prozent dieses Zuwachses trug hierzu allerdings allein die Entwicklung der Volksrepublik China bei.[26]

---

[25] Vgl. hierzu: Michael Heinrich, Profit ohne Ende, Jungle World Nr. 28, 2007, jungle-world.com/2007/28/19968.html
[26] I M F, World Economic Outlook Database, April 2020

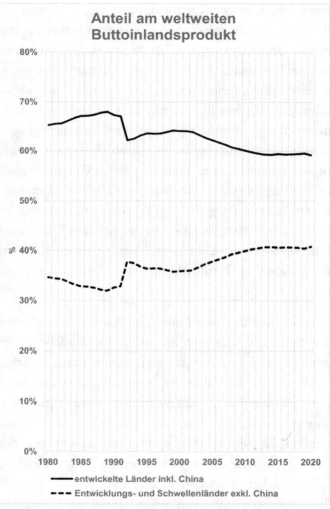

Anteil am weltweiten Buttoinlandsprodukt

— entwickelte Länder inkl. China

- - - Entwicklungs- und Schwellenländer exkl. China

IMF, World Economic Outlook Database, April 2020
https://www.imf.org/external/pubs/ft/weo/2020/01/weodata/index.aspx

Inwiefern ähnliche Entwicklungen wie in China im Rahmen der Globalisierung in weiteren bisher kapitalistisch unterentwickelten Märkten möglich sind oder ob die Verlagerung von Produktionsstätten in sogenannte Billiglohnländer bereits weitgehend abgeschlossen ist, ohne hierüber in diesen Ländern die Binnennachfrage nachhaltig zu steigern, lässt sich gegenwärtig nicht eindeutig beantworten. Selbst die Frage, ob die entscheidende Transformation Chinas von einem »Billiglohnland« zu einer entwickelten kapitalistischen Wirtschaft gelingt oder scheitert, entscheidet sich letztlich über die Konkurrenz auf dem Markt zwischen den Unternehmen und den diese im Rahmen der nationalen Standortkonkurrenz fördernden Staaten.

Der Konkurrenzkampf auf dem Markt ist jedoch nur die eine Seite. Bezogen auf die grundsätzliche Frage der Entwicklungsmöglichkeit zusätzlicher Märkte spielt ebenso der über die Konkurrenz vorangetriebene Widerspruch kapitalistischer Produktion eine wesentliche Rolle. Auch in den »Billiglohnländern« werden die Arbeitskräfte inzwischen zunehmend mit der Konkurrenz durch Industrieroboter konfrontiert. Während beispielsweise in den 90er Jahren die US-Textilindustrie zum Großteil in Länder wie China, Indien und Mexiko verlagert wurde, deutet sich seit einigen Jahren eine Trendwende an. 2013 berichtete die

New York Times unter dem Titel » U.S. Textile Plants Return, With Floors Largely Empty of People«, dass zwischen 2009 und 2012 die US-Textilexporte wieder um 37 Prozent auf einen Gesamtbetrag von 23 Milliarden US-$ angestiegen sind.[27] Laut einer Umfrage der Boston Consulting Group beschäftigt sich mittlerweile die Hälfte US-amerikanischer Produktionsfirmen mit Umsätzen von mehr als 10 Milliarden US-$ aktiv mit Überlegungen, Fabriken in die USA zurückzuverlegen.[28] Eine Trendwende, die durch die Automatisierungstechnik ermöglicht wird, welche inzwischen mit den auswärtigen Niedriglöhnen konkurrieren kann und darüber zugleich im Konkurrenzkampf zum Mittel gegen die »Billiglohnländer« wird. Aber auch in den »Billiglohnländer« wird die fortschreitende Automatisierungstechnik zunehmend zur lohnenden Investition. Laut einer Studie der International Federation of Robotics ist China bereits der größte Käufer von Industrierobotern.[29] Ein prominentes Beispiel für diese fortschreitende Entwicklung ist Foxconn, einer der weltweit größten Hersteller von Elektronik- und Computerteilen, der in seinen chinesischen Werken

---

27 www.nytimes.com/2013/09/20/business/us-textile-factories-return.html?pagewanted=all&_r=
28 Martin Ford, The Rise of the Robots. Technology and the Thread of Mass Unemployment, Oneworld Publications, 2015
29 http://www.ifr.org/news/ifr-press-release/industrial-robots-post-a-new-sales-record-in-2015-806/

rund eine Million Arbeitskräfte beschäftigt. Bis 2020 strebt das Unternehmen an, über Investitionen in Fertigungsautomaten 30 Prozent der Mitarbeiter zu ersetzen.[30]

Ein weiterer keineswegs unerheblicher Aspekt in Hinblick auf die Frage, ob sich die für das kapitalistische Wachstum erforderlichen zusätzlichen Märkte entwickeln werden, besteht darin, dass die aufstrebenden Exportnationen selbst in einem nicht unerheblichen Umfang auf die Zahlungsfähigkeit in den führenden kapitalistischen Wirtschaftsmächten angewiesen sind. Ohne deren Kapitaltransfer sowie deren Importe bricht den »Billiglohnländern« mit ihren Exporten ihre Zahlungsfähigkeit weg, die wiederum für das kompensatorische Wachstum des Kapitals in den entwickelten Nationen die Voraussetzung ist. Als im Zuge der Finanzkrise Chinas Exportindustrie von dem Einbruch der Zahlungsfähigkeit in den USA und Europa getroffen wurde, reagierte Chinas Regierung sofort mit um-

---

[30] South China Morning Post, Foxconn's Foxbot army close to hitting the Chinese market, on track to meet 30 per cent automation target, 1.7.2015
Die demographischen Effekte, die im Falle Chinas der Wirkung der Automatisierung entgegenlaufen, bleiben an dieser Stelle unberücksichtigt, da die Einschätzung der Erfolgsaussichten der Transformation Chinas im vorliegenden Buch nicht das Thema ist. Eine gute Darstellung hierzu findet sich in: Richard C. Koo, The Escape from Balance Sheet Recession and the QE Trap

fangreichen staatlichen Investitionsprogrammen sowie der Förderung der allgemeinen Kreditvergabe. »Während viele Experten innerhalb und außerhalb Chinas die Regierung für den Bau verschwenderischer und ineffizienter Projekte kritisieren«, schreibt der Chefökonom am *Nomura Research Institute* in Tokio, Richard C. Koo, »waren die meisten dieser öffentlichen Arbeitsprojekte darauf ausgerichtet, die 60 Millionen Arbeitsplätze zu sichern, die infolge der Finanzkrise sonst verloren gegangen wären.«[31] Die Gesamtverschuldung Chinas, die 2007 noch mit 158 % im Verhältnis zur Wirtschaftsleistung auf dem Niveau anderer Entwicklungsländer lag, stieg infolgedessen bis Mitte 2014 rasant auf 282% an. Mit einer Verschuldung des Unternehmenssektors in Höhe von 145% des Bruttoinlandsproduktes hat China zudem inzwischen weltweit eine der höchsten Schuldenquoten erreicht.[32] Der starke Anstieg der Gesamtverschuldung im Verhältnis zur Wirtschaftsleistung bei gleichzeitig sinkender Wachstumsrate ist damit auch im Falle Chinas Ausdruck dafür, dass dem chinesischen »Wirtschaftswunder« ohne die über Kredit ermöglichte zunehmende Spekulation auf zukünftige Zahlungsfähigkeit längst das Geld ausgegangen wäre.

---

[31] Richard C. Koo, The Escape from Balance Sheet Recession and the QE Trap, Wiley 2014, Pos. 6502 (eigene Übersetzung)
[32] McKinsey Global Institute, Debt and (not much) deleveraging, February 2015 / Wall Street Journal, 12.6.2016

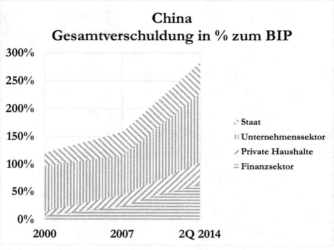

China
Gesamtverschuldung in % zum BIP

- Staat
- Unternehmenssektor
- Private Haushalte
- Finanzsektor

2000   2007   2Q 2014

Quelle : McKinsey Global Institute, Debt and (not much) Deleveraging 2015,
http://www.mckinsey.com/insights/mgi/research/financial_markets

Wie sich am Beispiel der Entwicklung Chinas studieren lässt, steht und fällt das Potential der Ausdehnung der Geschäfte in bisher kapitalistisch unterentwickelte Märkte mit der Zahlungsfähigkeit in den führenden kapitalistischen Wirtschaftsnationen. Aber genau dort liegt der bereits entwickelte Widerspruch der kapitalistischen Produktion unter der wachsenden Verschuldung begraben: Die führenden kapitalistischen Wirtschaftsmächte hoffen auf die wachsende Zahlungsfähigkeit neuer Märkte – und sei es mit Hilfe des Kredits –, um ihre eigene bereits über umfangreiche Kredite hinausgeschobene Zahlungsunfähigkeit zu verhindern.

Wenn die Hoffnung, den Widerspruch kapitalistischer Produktion durch die Ausdehnung der Märkte zu neutralisieren, nicht aufgeht, die sogenannte Deflation also fortschreitet, steigt auf der Grundlage unveränderter Ausgaben die Verschuldungsquote unaufhaltsam weiter an. Ohne ein den wertsenkenden Effekt der Produktivitätssteigerung überkompensierendes Wirtschaftswachstum stehen die Politiker in den führenden kapitalistischen Wirtschaftsnationen damit vor einer widersprüchlichen wirtschaftspolitischen Entscheidung: Sie müssen angesichts von Wachstumsschwäche und Überschuldung über Austeritätsmaßnahmen die gesellschaftliche Zahlungsfähigkeit weiter verringern oder über Niedrigzinspolitik und staatliche Ausgabenprogramme mit vermehrten Schulden für zusätzliche zahlungsfähige Nachfrage sorgen.

Vor diesem wirtschaftspolitischen Dilemma stehend, haben sich die Regierungen der führenden kapitalistischen Nationen vereint mit ihren Zentralbanken zwecks Förderung zusätzlicher Kreditvergabe zu einem Tabubruch entschlossen. Im Hinblick auf eine extreme Niedrigzinspolitik haben sie unter dem Titel der sogenannten »quantitativen bzw. monetären Lockerung« damit begonnen, Staats- und Unternehmensanleihen sowie forderungsbesicherte Wertpapiere im großen Stil selbst aufzukaufen. Mit dem Beginn der globalen Finanzkrise wurde im Rahmen der »Quantitativen Lockerung« bis Ende 2012 die Geldbasis durch die Zentralbanken der USA, Großbritanniens, der Europäischen Union und Japans von ca. 3 Billionen $ auf knapp 9 Billionen $ verdreifacht. Ende 2014 kündigte die japanische Regierung an, das jährliche Aufkaufprogramm für Anleihen auf 80 Billionen ¥ (0,7 Billionen US-$) anzuheben und so lange fortzusetzen, bis die Inflationsrate zwei Prozent erreicht. Die über dieses Programm ausgeweitete Bilanzsumme der japanischen Zentralbank überschritt 2018 den Umfang der jährlichen Wirtschaftsleistung Japans. Anfang 2015 kündigte die EZB ein ähnliches, zunächst befristetes Aufkaufprogramm für Staats- und Unternehmensanleihen mit einem jährlichen Volumen von 0,7 Billionen € an. Um keine »Kreditklemme« aufkommen zu lassen wurde das Aufkaufprogramm mehrmals verlängert, worüber die Bilanzsumme der EZB 2017 40% des Bruttoinlandsproduktes der Euro Zone erreichte. Demgegenüber beendete die FED ihr Aufkaufprogramm Ende 2014 und begann vorsichtig ihre Bilanzsumme zu reduzieren. Nachdem im September 2019 jedoch auf dem US Repromarkt ähnlich wie zu Beginn der globalen Finanzkrise die Zinssätze hochschnellten, sah sich die FED zu einem erneuten Kurswechsel gezwungen, um auf dem für die kurzfristige Refinanzierung der Banken wichtigen Geldmarkt einen Liquiditätsengpass zu verhindern. Als Rettungsprogramm stellte die US-amerikanische Notenbank den Banken innerhalb weniger Tage über 700 Milliarden Dollar zu Verfügung.

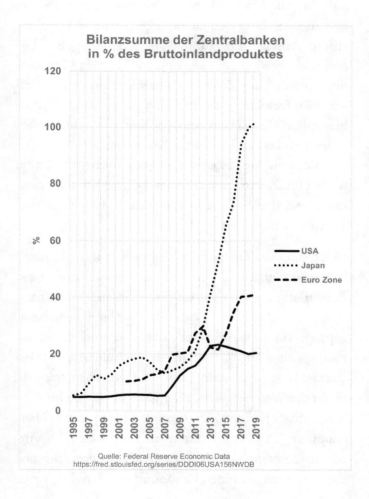

Bilanzsumme der Zentralbanken in % des Bruttoinlandproduktes

Quelle: Federal Reserve Economic Data
https://fred.stlouisfed.org/series/DDDI06USA156NWDB

Indem die Zentralbanken mit selbst geschöpftem Geld als Anleihekäufer in den Markt eingreifen, tragen sie über die Vergrößerung der Zentralbankgeldmenge dazu bei, die Nominalzinsen niedrig zu halten und geben zugleich über Refinanzierungskredite an Kreditinstitute Anreize für zusätzliche Kreditvergabe. Die Herausforderung bei dieser geldpolitischen Gratwanderung ist es, im Zuge eines kreditfinanzierten Wirtschaftsaufschwungs die Inflation geringfügig zu erhöhen, ohne die Zinsen und darüber die Schuldenlast steigen zu lassen. Über eine Kombination aus niedrigen Verschuldungskosten und kontrollierter Inflation wollen die Zentralbanken so zu höheren Wachstumsraten und darüber zur Entschuldung von Staat und Wirtschaft beitragen.

Einen direkten Zusammenhang zwischen der Zentralbankgeldmenge und dem Wirtschaftswachstum bzw. der Inflation gibt es jedoch nicht. Solange die Unternehmen und privaten Haushalte infolge einer vorangegangenen Krise überschuldet sind und daher für große Teile der Wirtschaft der Schuldenabbau zur Vermeidung drohender Insolvenzen vorrangig ist, bleibt der Weg versperrt, über Kredit zusätzliche Zahlungsfähigkeit in die Zirkulation zu bringen. Ob überhaupt, in welchem Umfang und in welchen Wirtschaftssegmenten die mit der Geldbasis gewachsenen Bankreserven zu einer Erhöhung der Kreditvergabe führen, kann durch die Zentralbanken nicht gesteuert werden. Auch eine kostenlose Kreditvergabe führt erst dann zu einer Erhöhung der umlaufenden Geldmenge, die wiederum Spielräume für Produktionsausweitung eröffnet, wenn für potentielle Kreditnachfrager zusätzliche Geschäftsmöglichkeiten absehbar sind und die Banken ihre Kunden als kreditwürdig einstufen. Das Gespenst der Deflation, das in den Widersprüchen kapitalistischer Produktion seine entscheidende Triebfeder hat, lässt sich daher über eine »Nullzinspolitik« und die von den Zentralbanken aufgeblähte Geldbasis nicht einfach vertreiben.[33]

Im Gegenteil: Je länger mit dem Programm der monetären Lockerung die Geldbasis erhöht wird, indem eigene Staatspapiere sowie forderungsbesicherte Anleihen aus der Wirtschaft aufgekauft werden, desto größer die Wahrscheinlichkeit, dass darüber in einzelnen Wirtschaftssektoren neue umfangreiche Spekulationsblasen gefördert werden. Statt, wie beabsichtigt, das Wirtschaftswachstum zu fördern, wird über die mit dem Programm der monetären Lockerung gesenkten Renditen für Staatsanleihen die spekulative Anlage von Geldkapital in riskantere Investitionen attraktiver. Die mit der zusätzlichen Nachfrage steigenden Preise

---

[33] Das Phänomen der sogenannten »Balance Sheet Recession« wurde ursprünglich ausführlich am Beispiel Japans dargestellt. Vgl. hierzu: Richard C. Koo, The Holy Grail of Macroeconomics. Lessons from Japan's Great Recession, 2009

von beispielsweise Aktien oder Immobilien geben der Spekulation Recht und fördern darüber den weiteren Zufluss von anlagesuchendem Kapital. Sobald das Programm der monetären Lockerung gedrosselt wird, sinkt mit den steigenden Renditen der Staatspapiere die Attraktivität der Spekulation in die alternativen Vermögenswerte und kehrt den Geldkapitalstrom entsprechend um. Die Preise für Aktien und Immobilien fallen und die mit steigenden Zinsen fallenden Anleihekurse führen zu Verlusten bei den über die Spekulation in die Höhe getriebenen Vermögenswerten.[34]

Wenn es darüber zu einem verallgemeinerten Vertrauensverlust in die spekulative Wertschöpfung kommt, wollen alle Marktteilnehmer Geld statt Zukunftsversprechen sehen. Was vor kurzem noch in Aussicht auf Wertzuwächse gekauft wurde, soll nun schnell verkauft werden, um dem Wertverfall zu entgehen. Mit dem Zusammenbruch der über die monetäre Lockerung im Anschluss an die globale Finanzkrise geförderten Geschäftsaktivitäten stehen die Staaten dann mit verminderten Mitteln vor einer gewaltigeren Krise

---

[34] Siehe hierzu: McKinsey Global Institute, QE and ultra-low interest rates: Distributional effects and risks, 2013 sowie Richard C. Koo, The Escape from Balance Sheet Recession and the QE Trap. A Hazardous Road for the World Economy, Wiley 2015

und damit vor einem im Vergleich zur Situation nach der globalen Finanzkrise zugespitzten Dilemma. Eine weitere Schuldenübernahme im Rahmen von Rettungsprogrammen für den Finanzsektor treibt die Staatsverschuldung weiter in die Höhe und vermindert die schon angeschlagene Bonität der Staaten. Neue Runden monetärer Lockerung werden erforderlich, um mit der sonst steigenden Zinslast den immer offensichtlicher werdenden Staatsbankrott zu verhindern.

Spätestens seit dem bisher historisch umfangreichsten weltweiten kapitalistischen Wirtschaftseinbruch – den Anfang 2020 die Corona-Pandemie auslöste – ist eine Abkehr vom geldpolitischen Tabubruch nicht mehr absehbar. Im Gegenteil, der Umfang der Liquidität, der im Anschluss an die globale Finanzkrise zur Absicherung fauler Kredite benötigt wurde, verblasst gegenüber dem Umfang der geldpolitischen Lockerung, die nun auf neuer Stufenleiter zur Sicherung des weltweiten Finanzsystems erforderlich ist.

USA
Bilanzsumme der Zentralbank

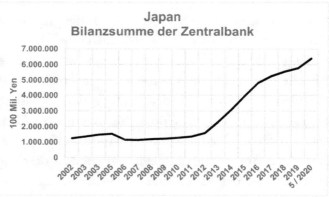

Japan
Bilanzsumme der Zentralbank

Euro Zone
Bilanzsumme der Zentralbank

Da das Programm der »monetären Lockerung« im Anschluss an die globale Finanzkrise von 2008 nicht die gewünschte Wirkung gezeigt hat, wird inzwischen, in der Hoffnung, hierüber zu einem sich selbst tragenden kapitalistischen Wachstum zurück zu gelangen, zunehmend über einen weiteren Tabubruch nachgedacht. Unter dem ursprünglich von Milton Friedman geprägten Begriff *»Helicopter Money«* werden Überlegungen angestellt, ob das gewünschte Wachstumsziel sich nicht besser direkt über die Druckerpresse verwirklichen ließe. Gemäß dieser Überlegung sollen die Zentralbanken zu einer sogenannten *»monetären Finanzierung« (MF)* übergehen, bei der die fehlende Nachfrage dadurch stimuliert wird, dass der Staat mehr Geld ausgibt und dieses zusätzliche Geld direkt von der Notenbank überwiesen bekommt, ohne dass das Geld zurückgezahlt werden muss. Mit dem im Unterschied zum Programm der »monetären Lockerung« in eine Form der permanenten monetären Lockerung ausgeweiteten Geldpolitik ließe sich das »Gespenst der Deflation« vertreiben: »Die Zentralbank druckt Geld, der Fiskus verteilt es, und die Bürger kurbeln durch zusätzliche Konsumnachfrage die Konjunktur an, bis die Fabrikkapazitäten wieder voll ausgelastet sind.«[35]

---

[35] Angst vor Deflation. Der Geldregen aus dem Hubschrauber, FAZ vom 22.10.2014

Die ernsthafte Überlegung hinter diesem auf den ersten Blick absurd anmutenden Vorschlag geht auf den sogenannten »Chicago Plan« zurück, ein Memorandum, das 1933 eine Gruppe von Ökonomen im Zuge der Weltwirtschaftskrise an US-Präsident Roosevelt richtete. Der Kern des von verschiedenen Seiten zu einer Reform der bestehenden Geldordnung weiterentwickelten Vorschlags besteht in der Aufhebung der Kreditgeldschöpfungsfähigkeit des Bankensektors zugunsten einer kontrollierten Geldschöpfung durch ein unabhängiges Zentralbankgremium. Statt dem Bankensektor über 90% der Buchgeldschöpfung gemäß seiner privaten Geschäftsinteressen zu überlassen, soll die Geldmenge über ein unabhängiges öffentliches Geldschöpfungskomitee im Hinblick auf Inflationsrate, Beschäftigung und Wachstum gezielt erhöht oder verringert werden. »Entscheidet das Geldschöpfungskomitee, die Geldmenge zu erhöhen, erhöht es einfach den Saldo des zentralen Regierungskontos bei der Zentralbank mit dem entsprechenden Betrag. Diese nicht zurückzahlbare Zuweisung neuen Geldes kann von der Regierung als zusätzliche Einnahme behandelt werden, die ihre Einnahmen aus Steuern und Verschuldung erhöht.«[36] Die zusätzlichen Geldmittel können dann seitens der Regierung entsprechend ihrer

---

[36] A. Jackson, B. Dyson, Modernising Money, Pos. 3824 (eigene Übersetzung)

wirtschaftspolitischen Prioritäten über Staatsausgaben, Steuersenkungen, eine Zurückzahlung bestehender Staatsverschuldung oder direkte Geldzuweisungen an die Bevölkerung in die Zirkulation gebracht werden. Inflationäre Wirkungen würde das schuldenfrei in den Umlauf gebrachte Geld nach dieser Theorie nur haben, wenn die Geldmenge stärker wächst als die Produktionskapazität der Wirtschaft. Im Falle einer Unterauslastung der Produktionskapazitäten würde dagegen der Spielraum für Preiserhöhungen durch die der zusätzlichen Zahlungsfähigkeit entsprechenden Ausweitung der Produktion kurz- bis mittelfristig immer wieder aufgehoben.[37]

In einem 2012 veröffentlichten Arbeitspapier des Internationalen Währungsfonds werden die Aussichten einer grundlegenden Reform der bestehenden Geldordnung im Sinne des Chicago Plans positiv beurteilt. Eine staatlich kontrollierte, dem Wachstum des Bruttoinlandsproduktes proportionale und darüber weitgehend inflationsfreie Geldschöpfung würde, entspre

---

[37] Das dem Chicago Plan zugrundeliegende Konzept wurde ursprünglich unter der Federführung von Henry C. Simons formuliert und später von Irving Fisher überarbeitet und umfassend dargestellt (Irving Fisher, 100%-Money). Aktuelle Weiterentwicklungen im Rahmen der sogenannten »New Currency Theory« finden sich u.a. bei: Joseph Huber, James Robertson, Creating New Money (2000) und Andrew Jackson, Ben Dyson, Modernising Money (2012)

chend der Empfehlung der Studie, nicht nur die Konjunkturausschläge nach oben und unten eindämmen, sondern zugleich zu einer erheblichen Reduzierung der privaten und öffentlichen Schulden führen.[38]

Die Widersprüche kapitalistischer Produktion lassen sich durch eine Reform der Geldordnung allerdings nicht aufheben. In der Marktwirtschaft versucht jeder Produzent seinen Marktanteil in Konkurrenz gegenüber seinen Wettbewerbern zu vergrößern. Kein Marktteilnehmer weiß, ob er oder sein Konkurrent erfolgreich sein wird. Keiner weiß, wie viel von seinen Produkten überhaupt gebraucht wird, ob er seine Kosten erwirtschaften kann oder überhaupt wird verkaufen können. Diese widersprüchliche Form gesellschaftlicher Arbeitsteilung, in der Privatproduzenten erst nach der Produktion auf dem Markt in einen gesellschaftlichen Zusammenhang treten, wird erst durch den Erfolg oder Misserfolg in der Konkurrenz aufgelöst. Die Konkurrenz entscheidet hinter dem Rücken der für den Tausch produzierenden Privatproduzenten, wie und ob sich Privatarbeit als gesellschaftliche Arbeit bewährt. »Und wie bringt die Konkurrenz diese Lösung fertig? Einfach indem sie die nach Art oder Menge für den augenblicklichen [zahlungsfähigen] gesellschaftlichen Bedarf unbrauchbaren Waren

---

[38] Jaromir Benes, Michal Kumhof, The Chicago Plan revisited, IWF Working Paper, August 2012

unter ihren Arbeitswert entwertet und es auf diesem Umwege den Produzenten fühlbar macht, dass sie entweder überhaupt unbrauchbare oder an sich brauchbare Artikel in unbrauchbarer, überflüssiger Menge hergestellt haben. ... Indem die Konkurrenz innerhalb einer Gesellschaft austauschender Warenproduzenten das Wertgesetz der Warenproduktion zur Geltung bringt, setzt sie eben dadurch die [im kapitalistischen Produktionsverhältnis] einzig mögliche Organisation und Ordnung der gesellschaftlichen Produktion durch. Nur vermittelst der Entwertung oder Überwertung der Produkte werden die einzelnen Warenproduzenten mit der Nase darauf gestoßen, was und wie viel davon die Gesellschaft braucht oder nicht braucht.«[39]

Die Resultate der in Konkurrenz zwischen Nationalstaaten und Unternehmen vorangetriebenen Produktivitätssteigerung lassen sich daher nicht geldpolitisch dauerhaft aufheben, ohne zugleich die kapitalistische Geldordnung in Frage zu stellen. Wenn beispielsweise der argentinische Staat die Misserfolge argentinischer Unternehmen in der Konkurrenz auf den Weltmärkten permanent geldpolitisch ausgleicht, weiß jeder, dass dieser Versuch nicht zur Auslastung der auf dem

---

[39] Friedrich Engels, Vorwort zu Karl Marx: Das Elend der Philosophie, MEW Bd. 4, S 565f. Die Hinweise in den eckigen Klammern wurden dem Zitat hinzugefügt

Weltmarkt überflüssigen argentinischen Produktionskapazitäten führt, sondern zur Entwertung des argentinischen Nationalkredits. Die Vorstellung, die Aus-
wirkungen der erfolgreichen Rationalisierungsbemühungen US-amerikanischer Konzerne auf den heimi-
schen Arbeitsmarkt ließen sich über Geldschöpfung
vermeiden, ist nicht weniger widersinnig. Wenn Unternehmen, die aufgrund nicht wettbewerbsfähiger
Preise ihre Produktionskapazitäten nicht auslasten
können, dauerhaft geldpolitisch geholfen wird, diese
auszulasten, wird es für alle Unternehmen einfacher,
anstelle der Rationalisierungsbemühungen lediglich
die Preise zu erhöhen.

Die Diskrepanz zwischen Anspruch und Wirklichkeit
in der Forderung nach »monetärer Finanzierung« lässt
sich mit den Worten eines Vertreters der sogenannten
»New Currency Theory« auch so ausdrücken: »Die
Quantitätstheorie des Geldes ist ein einfaches und ro-
bustes Stück Ökonomik. Sie besagt, dass eine Zunahme der Geldmenge die Realisierung ökonomischer
Potentiale erlaubt. Fehlen solche, oder sind sie bereits
realisiert, oder sind sie durch *strukturelle Mismatches* blo-
ckiert, führt mehr Geld zu steigenden Preisen.«[40]

---

[40] Joseph Huber, Vollgeld in der Kritik. (Die Hervorhebung
wurde dem Zitat hinzugefügt)

Aufgrund der Widersprüche kapitalistischer Produktion (nennen wie sie »strukturelle Mismatches«) wird sich das kapitalistische Dilemma zwischen Arbeitslosigkeit und Inflation auch über staatlich kontrolliertes Drucken und Verteilen von Geld nicht überwinden lassen. Mit dem Kreditvertag ist die *Verpflichtung* verbunden, den Vorschuss, wenn auch zeitversetzt, zu erwirtschaften. Angesichts der weltweit wachsenden Verschuldungsquote und damit der immer weniger absehbaren Einlösbarkeit der Rückzahlungsverpflichtung diese Verpflichtung aufzugeben, ist daher keine geniale Idee, sondern nur das letzte Mittel, um die Große Depression der kapitalistischen Wirtschaftsordnung noch einmal zu vertagen. Der ehemalige Chef der britischen Finanzmarktaufsicht, Adair Turner, kommt in diesem Sinne der Wahrheit schon ein Stück näher. In seinem Plädoyer, die neue Geldordnung zu riskieren, schreibt er unter dem Titel *»Zwischen Schulden und dem Teufel«*:

> *» "Monetary finance" ist wie eine gefährliche Medizin. Wenn sie in kleiner Menge genommen wird, kann sie helfen, schwere Krankheiten zu heilen, aber wenn sie im Überfluss genommen wird, kann sie fatal sein …*

Der alternative Weg zu nominellem Wachstum – private Kreditschöpfung – ist ebenso gefährlich.«[41]

[41] Adair Turner, Between debt and the devil: money, credit and fixing global Finance, S.232

»Zu hohe Schulden, zu wenig Wachstum und exzessiv niedrige Zinsen«, konstatierte die Bank für Internationalen Zahlungsausgleich (BIS) als Zentralbank der Zentralbanken bereits 2015 in ihrem Jahresbericht im Hinblick auf die Resultate der wirtschaftspolitischen Entwicklungen seit der globalen Finanzkrise und fügte mahnend hinzu: »Der Manövrierraum für die makroökonomische Politik wurde in den letzten Jahren immer enger. In einigen Staaten testet die Geldpolitik bereits bis zu dem Punkt des bisher Undenkbaren die äußersten Grenzen.«[42] Mit dem Überschreiten dieser »äußersten Grenzen« erweist sich angesichts geringer Wachstumsraten bei gleichzeitig steigender Schuldenlast das Entscheidungsdilemma zwischen einem Schuldenschnitt versus mehr Kredit für Wachstumsförderung Schritt für Schritt als Scheinfrage. Zwar lässt sich die mit steigenden Schulden drohende Zahlungsunfähigkeit theoretisch unbegrenzt hinausschieben, indem die Staaten ihre Hoheit nutzen, Geld zu drucken und zwecks Aufrechterhaltung der kapitalistischen Wirtschaft in den Umlauf zu bringen. Da als Konsequenz aber droht, dass die zunehmend in Umlauf gebrachten Geldmengen im Rahmen einer unkontrolliert steigenden Inflation in ihrer beabsichtigten

---

[42] Bank for International Settlements, 85th Annual Report, Basel, 28 June 2015, S. 21 (eigene Übersetzung)

wachstumsfördernden Wirkung immer wieder entwertet würden, käme dieser Versuch letztlich zu demselben Ergebnis, das mit dem Anwerfen der Druckerpresse vermieden werden soll: Einer Währungsreform mit einem entsprechenden Schuldenschnitt, über den mit den Verbindlichkeiten zugleich die Vermögenswerte gestrichen werden, und dementsprechend mit der einsetzenden Entwertung der weltweiten Spekulationskette auf zukünftige Einkommen ein Großteil der gesellschaftlichen Zahlungsfähigkeit vernichtet wird. Und da im Kapitalismus vorhandene Produktionsmittel und Bedürfnisse kein hinreichender Grund zur Produktion sind, und die von den privatisierten Produktionsmitteln ausgeschlossene Bevölkerung nur leben kann, wenn sie Arbeit findet und sie nur so lange Arbeit findet, wie ihre Arbeit das Kapital der Produktionsmittelbesitzer vermehrt, würde ein globaler Schuldenschnitt mit dem Zusammenbruch des weltweiten Finanzsystems unmittelbar zum Auslöser einer Weltwirtschaftskrise. Einer Weltwirtschaftskrise, die sich von der »Großen Depression« am Anfang des 20. Jahrhunderts darüber unterscheidet, dass sie im Rahmen der Globalisierung als allseitigere Krise vorbereitet wurde und über die weltweit gestiegene Verschuldung bereits die Mittel umfangreich verbraucht sind, die zu ihrer Bewältigung erforderlich wären.

Als die Regierung um US-Präsident Franklin Roosevelt in Reaktion auf die Weltwirtschaftskrise 1933 mit dem »New Deal« die Steigerung der Staatsausgaben einleitete, betrug die Staatsverschuldung in den USA 40% im Verhältnis zur Wirtschaftsleistung und stieg bis Ende 1939 auf ein Niveau von 52%. Selbst der Zweite Weltkrieg, den Wirtschaftsnobelpreisträger Paul Krugman als den entscheidenden schuldenfinanzierten Anschub zur Überwindung der Weltwirtschaftskrise bewertet, führte lediglich zu einem staatlichen Verschuldungsniveau, das aktuell bereits im Ausgangspunkt der drohenden Krise erreicht ist. Eine einfache Neuauflage des »New Deal« kann es daher nicht geben. Auch die Geschichte der 2. industriellen Revolution – über die mittels neuer Werkstoffe und Produktionsverfahren eine Massenproduktion zustande kam, die eine enorme Marktausweitung ermöglichte und darüber die wert- und wachstumssenkende Wirkung der Produktivitätssteigerung erfolgreich durch die erweiterte Produktion in den neu entstandenen Wirtschaftszweigen überkompensierte – wird sich in dieser Form nicht wiederholen. Die Frage, ob bzw. nach wie vielen Jahren eine neue kapitalistische Weltwirtschaftskrise überwunden werden könnte, lässt sich daher nicht mit dem Verweis auf die letzte Weltwirtschaftskrise beantworten.

Es ist absurd. Weil zu viele Güter mit zu wenig Arbeit hergestellt werden können, sinken immer mehr Menschen auf ein noch vor kurzem nicht vorstellbares Armutsniveau ab. Die soziale Spaltung vertieft sich stetig. Selbst der Mittelstand wird inzwischen vom Strudel der Krise erfasst.

6. Die globalisierte Staatsschuldenkrise als höchstes Stadium des Kapitalismus?

»Der Aufstieg der wahrhaft intelligenten Maschinen würde, wenn es so kommt, in der Tat ein großer Moment in der Geschichte sein. Er würde vieles verändern einschließlich der globalen Ökonomie. Ihr Potential ist eindeutig: Sie würden es für die Menschen im Prinzip ermöglichen, besser zu leben. Ob es letztlich dazu kommt, hängt davon ab, wie der Reichtum produziert und verteilt wird.

Es ist auch möglich, dass das endgültige Resultat eine winzige Minderheit gewaltiger Gewinner und eine riesengroße Anzahl von Verlieren ist. Aber solch ein Ergebnis wäre kein Schicksal, sondern eine Wahl. ... die Technik diktiert nicht selbst das Ergebnis. Ökonomische und politische Einrichtungen tun es. Wenn diejenigen, die wir haben, nicht die Ergebnisse bringen, die wir wollen, werden wir sie ändern müssen.«[43]

Die Frage, ob über den sich entwickelnden Widerspruch kapitalistischer Produktion in der nächsten großen Wirtschaftskrise dem Kapitalismus die Luft ausgeht, lässt sich zusammenfassend folgendermaßen beantworten: Die Luft ist für den Kapitalismus das Geld und dieses

---

[43] Martin Wolf, Mitherausgeber und Chef-Kommentator der Financial Times, in: Why the Techno-optimists Are Wrong, S. 127

geht ihm aus, wenn nicht nur ein Staat, sondern im Zusammenbruch des weltweiten Finanzsystems die Staaten der kapitalistischen Metropolen als Kreditgeber letzter Instanz zahlungsunfähig werden. Wenn Zahlungsunfähigkeit nicht nur im Rahmen der Konkurrenz der Nationen als vereinzelte Staatsschuldenkrise in Erscheinung tritt, sondern über den Versuch, die für das kapitalistische Geschäft erforderliche Verschuldung vor der Entwertung zu retten, sich zu einer *globalisierten Staatsschuldenkrise* ausweitet. Die in den kapitalistischen Metropolen im Zuge der Krise einsetzende Massenverelendung ist dann nicht mehr die Folge des ganz normalen kapitalistischen Konjunkturzyklus, in dem kurz- bis mittelfristig nach der Krise der Aufschwung folgt. Mit der umfangreichen Entwertung der Zahlungsversprechen wird vielmehr offengelegt, dass das kapitalistische Bestreben, die Arbeitszeit auf ein Minimum zu reduzieren, an einen Entwicklungspunkt gelangt ist, an dem auch in den führenden Industriestaaten am Maßstab kapitalistischer Produktion große Teile der Bevölkerung auf Dauer zur Überbevölkerung erklärt werden.

Kommt es zu dieser umfangreichen Entwertung des über das Vertrauen in die zukünftige Zahlungsfähigkeit geschaffenen Kapitals, dann stehen viele Gesellschaftsmitglieder angesichts der für sie unangenehmen

Folgen vor folgender Grundsatzentscheidung: Entweder sie setzen sich für die Vergesellschaftung der Produktionsmittel ein oder sie halten trotz zunehmender Massenarbeitslosigkeit an der marktwirtschaftlichen Wirtschaftsordnung und damit am Zweck und Maßstab kapitalistischer Produktion fest. Entscheiden sie sich für Letzteres, dann werden die zahlreichen Menschen, die für die kapitalistische Produktion nutzlos sind, früher oder später die Rationalität der kapitalistischen Gesellschaftsordnung in aller Härte zu spüren bekommen. Sozialstaatliche Kosten zur Aufrechterhaltung eines nun auf absehbare Zeit nicht mehr benötigten funktionsfähigen Arbeitslosenheeres werden von denen, die sich in der Krise auf der Gewinnerseite sehen, schnell als das wahrgenommen werden, was sie marktwirtschaftlich vor dem Hintergrund der umfassenden Kapitalentwertung sind: Überflüssige Kosten, die sich die kapitalistische Gesellschaft beim besten Willen nicht leisten kann.

Infolge der sich verschärfenden Weltwirtschaftskrise wird es dann zunehmend Gesellschaftsmitglieder geben, die eine stärkere gesellschaftliche Kontrolle der kapitalistischen Produktionsverhältnisse als nationalsozialistisches Programm fordern. Solange nämlich die Bevölkerung die Argumente gegen den Kapitalismus nicht teilt, richtet sich ihre Kritik anlässlich zunehmender Verarmung nicht gegen den Zweck der kapitalistischen Eigentumsordnung, sondern gegen vermeintliche Fehler und Unterlassungen der Regierungsvertreter. Als Bürger eines Staates setzen sie auf den Erfolg der eigenen Nation, die zur Idee einer Gemeinschaft überhöht wird. Der »Wohlstand der Nation«, der auf der Grundlage ihrer ökonomischen Abhängigkeit als Bedingung ihres eigenen Erfolgs erscheint, wird zum gemeinsamen Bedürfnis, das die unterschiedlichsten sozialen Charaktere zum Volk eint. Die Zugehörigkeit zur Nation und deren Vorankommen werden zum höchsten Wert, für den Opferbereitschaft eingefordert werden kann. Wenn in diesem Bewusstsein die Kalkulation, am nationalen Erfolg teilzuhaben, immer weniger aufgeht, machen mehr und mehr Bürger den Übergang, nach Schuldigen zu suchen, die für den »Verfall der Nation« verantwortlich sind. Dann organisieren immer mehr Menschen den Ungehorsam gegen eine in ihren Augen unfähige Regierung, die sich angeblich von der übrigen Staatenwelt zu viel gefallen lässt bzw. mit gemeinschaftsschädigenden, *»unnationalen Elementen«* im Inneren nicht fertig wird. Dann werden *»Aufopferungsfähigkeit und Aufopferungswille des einzelnen für die Gesamtheit«*[44] zu den grundlegenden Kräften für die Förderung des »Wohlstands der Nation«.

---

[44] Adolf Hitler, Mein Kampf, S. 167

Für dieses Programm muss der Gegensatz von Kapital und Lohnarbeit nicht abgeschafft werden. *»Der nationalsozialistische Staat kennt keine "Klassen".«*[45] Von ihm werden die gesellschaftlichen Klassen »aufgehoben«, indem er von allen seinen Bürgern Pflichterfüllung und Aufopferungswillen im *Dienst an der Nation* radikal eingefordert. Das gilt sowohl für die Unternehmer, die den Auftrag erhalten, ihr Privateigentum bedingungslos einzusetzen, damit Land und Leute als Quelle nationaler Macht funktionieren, als auch für die Arbeiter, die, wenn sie für die Geschäfte des Kapitals unnütz sind, über staatlich organisierte Arbeitsdienste zu Soldaten der Arbeit befördert werden. Anstelle des Dienstverhältnisses des bürgerlichen Staates gegenüber dem Zweck und Maßstab kapitalistischer Produktion tritt die Indienstnahme des kapitalistischen Produktionsverhältnisses für die Nation. Wenn unter diesem Programm mit Recht schaffender Gewalt nach innen wie nach außen Schädigungen von Wirtschaft und Nation unterbunden werden, ist bezogen auf die Konkurrenz der Nationen um die Reichtümer der Welt zugleich eines klargestellt: *»Das Gerede der „wirtschaftsfriedlichen" Eroberung der Welt war wohl der größte Unsinn, der jemals zum leitenden Prinzip der Staatspolitik erhoben wurde ...«*[46]

---

[45] Adolf Hitler, Mein Kampf, S. 675
[46] Adolf Hitler, Mein Kampf, S. 158

Zur Kritik des faschistischen Programms siehe: Konrad Hecker,
Der Faschismus und seine demokratische Bewältigung, Gegen-
Standpunkt Verlag 1996

Das *Gegenprogramm zum Kapitalismus* – im Rahmen seiner freiheitlichen Grundordnung wie seiner national-sozialistischen Indienstnahme – besteht darin, die heilige Kuh des Privateigentums an Produktionsmitteln zu schlachten und sich auf der Grundlage der vollständigen Vergesellschaftung der Produktionsmittel für eine planmäßige Produktion zum Zwecke der Versorgung der Gesellschaftsmitglieder einzusetzen.

> *»Ihr entsetzt euch darüber, dass wir das Privateigentum aufheben wollen. Aber in eurer bestehenden Gesellschaft ist das Privateigentum für neun Zehntel ihrer Mitglieder aufgehoben, es existiert gerade dadurch, dass es für neun Zehntel nicht existiert. Ihr werft uns also vor, dass wir ein Eigentum aufheben wollen, welches die Eigentumslosigkeit der ungeheuren Mehrzahl der Gesellschaft als notwendige Bedingung voraussetzt. Ihr werft uns mit einem Worte vor, dass wir euer Eigentum aufheben wollen. Allerdings, das wollen wir ... Kommunismus nimmt keinem die Macht, sich gesellschaftliche Produkte anzueignen, er nimmt nur die Macht, sich durch diese Aneignung fremde Arbeit zu unterjochen.«*[47]

---

[47] Karl Marx, Friedrich Engels, Manifest der Kommunistischen Partei, MEW 4, S.477

Literaturverzeichnis

Bank for International Settlements

> 85th Annual Report, Basel, 28 June 2015

Jaromir Benes, Michal Kumhof,

> The Chicago Plan revisited, IWF Working Paper, August 2012

Luigi Buttiglione, Philip R. Lane, Lucrezia Reichlin, Vincent Reinhard

> Deleveraging? What Deleveraging? Geneva Reports on World Economy 16, September 2014

Robert J. Gordon

> The rise and fall of American growth, Princeton University Press 2016

Gruppen gegen Kapital und Nation

> Die Misere hat System: Kapitalismus
> https://gegen-kapital-und-nation.org

Martin Ford

> The Rise of the Robots. Technology and the Thread of Mass Unemployment, Oneworld Publications, 2015

Michael Heinrich

> Kritik der politischen Ökonomie. Eine Einführung, Schmetterling Verlag, 3. Aufl. 2005

A. Jackson, B. Dyson,

> Modernising Money: Why our Monetary System is broken and how it can be fixed, Positive Money 2013

Anselm Jappe

> Die Abenteuer der Ware, Unrast Verlag 2005

Joseph Huber

> Vollgeld in der Kritik. Erläuterungen zum Vollgeld-Konzept anlässlich Kritik aus verschiedenen ökonomischen Denkrichtungen, Oktober 2014, S. 20
> www.vollgeld.de/vollgeld-in-der-kritik

Tomasz Konicz

> Kurze Geschichte der Weltwirtschaftskrise, 2008, http://www.konicz.info/?p=1930

Richard C. Koo

> The Holy Grail of Macroeconomics. Lessons from Japan's Great Recession,

The Escape from Balance Sheet Recession and the QE Trap. A Hazardous Road for the World Economy, Wiley 2015

Paul Krugman

Die neue Weltwirtschaftskrise, Campus Verlag 2008

End This Depression Now, W. W. Norton 2013

Robert Kurz

Schwarzbuch des Kapitalismus. Ein Abgesang auf die Marktwirtschaft, Eichborn 1999

Der Tod des Kapitalismus. Marxsche Theorie, Krise und Überwindung des Kapitalismus, Laika Verlag 2013

Ernst Lohoff & Norbert Trenkle

Die große Entwertung. Warum Spekulation und Staatsverschuldung nicht die Ursache der Krise ist, Unrast Verlag 2012

Hermann Lueer

Warum hungern Menschen in einer reichen Welt? Argumente gegen die Marktwirtschaft, Red & Black Books, 2020

Kapitalismuskritik und die Frage nach der Alternative, 3. Aufl., Red & Black Books 2020

Grundprinzipien kommunistischer Produktion und Verteilung, Red & Black Books 2019

Karl Marx

Das Kapital Bd. 1-3, Dietz Verlag 1971

Ministry of Finance

Japanese Public Finance Fact Sheet
http://www.mof.go.jp/english/budget/budget/

Wolfgang Möhl, Margaret Wirth

Arbeit und Reichtum, GegenStandpunkt Verlag 2014

McKinsey Global Institute

Debt and Deleveraging
2010/11/12/13/14/15

QE and ultra-low interest rates: Distributional effects and risks, 2013
http://www.mckinsey.com/insights/mgi/research/financial_markets

Peter Ortlieb

Der prozessierende Widerspruch
Produktion des relativen Mehrwerts und

Krisendynamik http://www.math.uni-hamburg.de/home/ortlieb/Ortlieb-ProzWiderspruch.pdf

J. Ryan-Collins, T. Greenham, R. Werner, A. Jackson

Where does Money come from? New Economics Foundation 2012

Johannes Schillo (Hrsg.),

Zurück zum Original. Zur Aktualität der Marxschen Theorie, VSA Verlag 2015

Jeremy Rifkin

The End of Work. The Decline of the Global Labor Force and the Dawn of the Post-Market Era, 1995

Christian Siefkes

Geht dem Kapitalismus die Arbeit aus? (Teil 1 & 2), http://keimform.de/2015/geht-dem-kapitalismus-die-arbeit-aus-1/

Adair Turner

Between debt and the devil: money, credit and fixing global Finance, Princeton University Press, 2016

Martin Wolf,
>Why the Techno-optimists are wrong, in: The Fourth Industrial Revolution. A Davos Reader, Council on Foreign Relations 2016

HERMANN LUEER

Warum hungern Menschen in einer reichen Welt?

ARGUMENTE
GEGEN DIE
MARKTWIRTSCHAFT

RED & BLACK BOOKS

Kapitalismuskritik und die Frage nach der Alternative Band 1,
Red & Black Books 2020, 239 Seiten, 13,50 €

Die vorherrschende Wirtschaftsordnung der westlichen Wertegemeinschaft sorgt täglich mit der Gewährung des Rechts, Produktionsmittel zu privatisieren, für die Sachzwänge, aufgrund derer für die Verlierer der Konkurrenz außer »Hilfe zur Selbsthilfe« beim besten Willen nichts zu machen ist. Welthunger, kein Zugang zu sauberem Wasser, bittere Armut und elende Arbeitsbedingungen sind trotz der Wunder der Technik des 21. Jahrhunderts zur Normalität der globalisierten Marktwirtschaft geworden. Nicht nur in den sogenannten Entwicklungsländern, sondern auch innerhalb der erfolgreichen Industrienationen zeugen Altersarmut, Kinderarmut, Einschnitte im Bildungswesen wie bei der medizinischen Versorgung von der wachsenden Diskrepanz zwischen dem, was als Wohlstand der Nation im Bruttosozialprodukt bilanziert und als Pro-Kopf-Einkommen umgerechnet wird und dem, was die Mehrheit der Bevölkerung davon hat. Die Frage nach der Alternative zu diesen Errungenschaften der Marktwirtschaft beginnt mit der Kritik der politisch gewollten Wirtschaftsordnung.

Der Klassiker dieser kritischen Analyse – »Das Kapital« von Karl Marx – bekommt hierbei unweigerlich eine Renaissance. Der Mann hatte einfach Recht!

Kapitalismuskritik und die Frage nach der Alternative Band 2,
Red & Black Books 2020, 343 Seiten, 13,50 €

Die fehlende Klarheit über Gütertausch und Wert führt regelmäßig zu Versuchen, den Markt zu verbessern, ohne ihn zu überwinden. Die Marktsozialisten wählen »nicht einen ruhigeren, sicheren, langsameren Weg zum gleichen Ziel, sondern ein anderes Ziel, nämlich statt der Herbeiführung einer neuen Gesellschaftsordnung bloß unwesentliche Veränderungen in der alten.«

Rosa Luxemburg

Wer sich Armut als Folge von Marktversagen erklärt, sucht nach Alternativen der Marktregulierung. Wer sich Armut als notwendige Folge des marktwirtschaftlichen Produktionsverhältnisses erklärt, will den Markt abschaffen. Jede Alternative zur kapitalistischen Wirklichkeit ist daher nur so gut wie die ihr zugrundeliegende Erklärung der kapitalistischen Produktionsverhältnisse, zu denen sie eine Alternative sein soll. In »Kapitalismuskritik und die Frage nach der Alternative« geht es entsprechend nicht darum, sich unabhängig von den Gründen für die weltweite Verarmung und Verelendung weiter Teile der Bevölkerung eine bessere Welt auszumalen, sondern darum, aus der Erklärung des Kapitalismus die Grundprinzipien einer Ökonomie jenseits vom Kapitalismus abzuleiten. Kritik und Alternative werden so zusammengebracht. Die Frage der Machbarkeit erledigt sich dabei von selbst.

Kapitalismuskritik und die Frage nach der Alternative Band 3,
Red & Black Books 2019, 103 Seiten, 9 €

Das Buch ist eine Hommage an die Kollektivarbeit der Gruppe Internationaler Kommunisten (Holland). Angesichts der sich abzeichnenden Erfahrungen mit dem Staatskommunismus in Russland waren ihre 1930 erschienenen »Grundprinzipien kommunistischer Produktion und Verteilung« der Versuch, die bereits von Karl Marx und Friedrich Engels skizzierte ökonomische Grundlage einer kommunistischen Gesellschaft wissenschaftlich auszuarbeiten. Zwar haben ihre Ausführungen nichts von ihrer ursprünglichen Aktualität verloren, in der wissenschaftlichen Auseinandersetzung mit der damaligen Literatur ist ihr Text jedoch ein Kind seiner Zeit geblieben. Mit der vorliegenden Schrift wird daher versucht, in freier Form die Kernaussagen der »Grundprinzipien kommunistischer Produktion und Verteilung« in die aktuelle Debatte um die Frage nach der Alternative zum Kapitalismus einzubringen.

Gruppe Internationaler Kommunisten

GRUNDPRINZIPIEN KOMMUNISTISCHER PRODUKTION UND VERTEILUNG

»So einfach die Grundlage für die Beherrschung der Arbeiterklasse ist, so einfach ist auch die *Formulierung* für die Aufhebung der Lohnsklaverei (auch wenn die praktische Umsetzung nicht so einfach ist!). Diese Aufhebung kann nur darin bestehen, dass die Trennung von Arbeit und Arbeitsprodukt aufgehoben wird, dass das *Verfügungsrecht* über das Arbeitsprodukt und daher auch über die Produktionsmittel wieder den Arbeitern zukommt.«

RED & BLACK BOOKS

Red & Black Books 2020, 339 Seiten, 14,90 €

Die »Grundprinzipien kommunistischer Produktion und Verteilung« entstanden als Reaktion auf die negative Entwicklung der russischen Revolution. Mit dieser Schrift stellten die Autoren erstmalig die ökonomischen Grundlagen für den Aufbau und die Organisation einer Gesellschaft im Sinne der »Vereinigung freier und gleicher Menschen« zur Debatte. Dabei berücksichtigten sie zugleich alle gesammelten Erfahrungen der bisherigen Versuche der Arbeiterbewegung, um über die Kritik derselben notwendige neue Wege aufzeigen zu können. Eine Kritik die bis zum heutigen Tag nichts von ihrer ursprünglichen Aktualität verloren hat.

Die 1930 auf Deutsch erschienene Erstauflage der Grundprinzipien wurde beschlagnahmt und weitgehend vernichtet. Eine vollständig überarbeitete und verbesserte Ausgabe in niederländischer Sprache erschien 1931 zunächst auszugsweise und 1935 in 2. Auflage in Buchform. Der Text der deutschen Erstausgabe wurde 1970 nachgedruckt und auch in die englische und französische Sprache übersetzt. Die vollständig überarbeitete und verbesserte 2. Auflage verblieb die folgenden 85 Jahre dagegen weitgehend unbeachtet in niederländischer Sprache verborgen. Mit der hier vorliegenden Übersetzung der 2. Auflage in die deutsche Sprache wird dieser Dornröschenschlaf beendet.

CPSIA information can be obtained
at www.ICGtesting.com
Printed in the USA
LVHW052002230623
750628LV00002B/269

9 783982 206509